劳动与社会保障博士文库
BSWK

中国就业的产业结构的区域差异研究

Study on Regional Differential of Industrial Employment Structures in China

Study on Regional Differential of Industrial Employment Structures in China
Study on Regional Differential of Industrial Employment Structures in China
Study on Regional Differential of Industrial Employment Structures in China

高毅蓉 著

中国劳动社会保障出版社

图书在版编目(CIP)数据

中国就业的产业结构的区域差异研究/高毅蓉著. —北京：中国劳动社会保障出版社，2015

(劳动与社会保障博士文库)

ISBN 978-7-5167-1965-7

Ⅰ.①中…　Ⅱ.①高…　Ⅲ.①就业结构-研究-中国②区域产业结构-区域差异-研究-中国　Ⅳ.①F249.2 ②F127

中国版本图书馆 CIP 数据核字(2015)第 142179 号

中国劳动社会保障出版社出版发行

（北京市惠新东街 1 号　邮政编码：100029）

*

北京隆昌伟业印刷有限公司印刷装订　新华书店经销

880 毫米×1230 毫米　32 开本　6.875 印张　193 千字

2015 年 6 月第 1 版　2015 年 6 月第 1 次印刷

定价：20.00 元

读者服务部电话：（010）64929211/64921644/84643933

发行部电话：（010）64961894

出版社网址：http://www.class.com.cn

摘　要

目前，二元结构、产业结构等结构性矛盾仍是我国经济发展中的主要矛盾，经济结构调整成为现阶段经济运行的主要特征。就业结构优化、产业结构升级及二者动态适配问题已得到党中央、国务院的高度重视，《中共中央关于制定国民经济和社会发展第十二个五年规划的建议》指出，目前经济发展中不协调和不可持续问题依然突出，产业结构不合理、就业总量压力和结构性矛盾并存。中国就业结构失衡问题不仅表现在三次产业就业人数占就业总数的比例不合理，还表现在区域结构不平衡。由于劳动力要素在区域间的流动数量和频次的增加，地区间就业的产业结构分布产生不均衡的态势，区域就业结构优化与区域产业结构升级的协同发展是客观规律要求。区域劳动力的质和量的需求在区域产业结构调整过程中需要不断调整，以促使区域就业结构得到优化和升级，与调整中的区域产业结构动态匹配适应。我国区域产业结构的持续升级，必然要求区域就业结构持续性优化与之协同匹配。区域就业结构优化与产业结构升级的动态适配已成为各区域政府最急需解决的实践难题。从理论研究方面来看，综合分析国内外学者的相关研究成果可以发现，尚未有现代经济理论系统地研究就业结构区域差异形成的内在规律，以及宏观的区域就业结构优化与区域产业结构升级动态协调匹配的机制。目前国内研究就业结构的文献较多，但是对于区域就业结构的研究大多局限于对某一地区就业结构数据的描述性统计和简单趋势预测上，缺乏系统性和理论性。因此，全面系统地从区域差异的视角研究就业的产业结构，对于促进区域产业发展和就业水平的协调发展，找出真正阻碍我国区域就业结构优化的因素并提出措施具有重要意义。

本书运用劳动经济学、产业经济学、区域经济学、新经济地理学及计量经济学等学科的相关理论，借鉴已有文献的研究成果，利用相关统计年鉴的宏观数据及实地调查的微观资料，采用多元回归模型、结构突变理论、收敛性分析等实证分析方法，从区域差异的视角对中国就业的产业结构进行了系统研究。本书的研究内容主要包括：(1) 通过“突协整”的方法与工具，利用单位根模型对产业结构与就业结构的协整性进行计量分析，判断就业的产业结构的结构突变类型，探索产业结构与就业结构协同发展的途径。(2) 把握我国区域就业结构演进的特殊性，对我国各地区就业的产业结构进行分类研究，探讨就业结构演进过程中的区域差异问题，通过就业结构的区位商、区域差异变动系数、就业弹性、就业结构偏离度和相对劳动生产率的区域比较分析探析就业结构演进的影响因素。通过区域差异比较研究来揭示就业结构演进的基本特征，并得到相关的经济政策启示。(3) 对我国不同类型区域的就业结构收敛性问题进行泰尔指数检验、σ 收敛性检验和 β 收敛性检验，以探讨我国区域之间是否存在就业的产业结构的收敛性以及收敛类型。(4) 综合分析系统内外各种因素对产业间劳动力配置的影响，判别区域就业结构变动的影响因素和作用机制。(5) 讨论我国就业结构的合理性和就业结构调整的可能性问题，构建既有利于经济增长又有利于扩大就业的就业结构优化调控模型，探讨我国就业结构优化的方向和目标，提出对地方政府宏观调控政策和区域调整的框架和具体对策措施。

本书对于我国就业的产业结构的区域差异问题研究提出了新的研究视角和研究框架，具体的创新点体现在：(1) 采用结构突变模型描述我国就业的产业结构演进过程，对就业结构与产业结构之间的偏离程度与人均 GDP 的协整性和稳定趋势进行验证，探索就业的产业结构优化水平与经济增长之间的协整关系，为构建就业的产业结构优化的比例关系和提出相关政策启示搭建了理论基础。(2) 提出衡量就业的产业结构的区域差异的综合性指标——区域差异系数，克服相对劳动生产率、产业结构偏离度和就业弹性难以通过一个指标对不同地区间就业的产业结构的总体差异进行比较的局限性，并运用就业的产业结构的区域差异系数、区位商等指标从不同角度分别对我国就业的产业结构的区域差异进行动态分析。(3) 利用泰尔指数的分解，对我国就业的产业结构总体差异分解为东部、中部和西部三大区域之间的差异和三大区域内各省之间的差异，进一步从差异的区域构成和区域内差异的变化来揭示中国就业的产业结构区域差异的变化过程。(4) 将收敛性分析理论引入到就业的产业结构的区域差异研究中，结合我国就业的产业结构的省际面板数据进行了 σ 收敛和 β 收敛检验，界定就业的产业结构收敛性的内涵，特征和收敛类型，并且测度收敛速度，以分析我国东部、中部和西部地区就业结构面板数据的敛散性特征。

ABSTRACT

At present, the structural contradiction is still the main contradiction of the economic development in China, such as dual structure, industrial structure, the economic structure, etc. and structural adjustment become the main characteristics of economic operation at this stage. The employment structure optimization, the upgrading of the industrial structure and the dynamic adaptation of both has received high attention from China central government and the State Council. The recommendations of CPC Central Committee on the twelfth five-year plan of national economy and social development pointed out that economic development uncoordinated and unsustainable problems still outstanding at present, and the unreasonable industrial structure, total employment pressure and structural contradictions coexist. China′s employment structure imbalance not only displays in unreasonable proportion of employment of the three industries, as well as in unbalance of regional structure. As the quantity and the frequency in the labor migration among Chinese regions increases, the non-balanced development situation of regional employment structure and industrial structure has been shown on. Regional employment structure optimization and coordinated development with upgrading of the regional industrial structure comply with the demand of the objective laws. Demand of quality and quantity of regional labor in the regional industrial structure adjustment process needs to be adjusted constantly, so as to promote optimization and upgrading of the regional employment structure, and adapt to the dynamic matching to adjustment of regional industrial structure. Continuous upgrade of the regional industrial structure, inevitably require optimization of employment structure and sustainability of the collaborative matching. Dynamic adaptation of the regional employment structure optimization and upgrading of the industrial structure has become the most urgent practical problems need to resolve to the regional governments. With comprehensive analysis of relevant research achievements of domestic and foreign scholars, it can be found that the modern economic theory have not systematically study the inherent law of formation of regional differences in employment structure, and there are less systemic research of dynamic macro-matching mechanism of regional employment structure optimization and regional industrial structure upgrading. According to the theoretical research, though there is a great amount of literatures related to employment structure in the domestic study, regional employment structure research mainly focus on the different data descriptive statistics and simple trend prediction of employment structure, relative lack of systematic and theoretical. Therefore, studying industrial structure of employment from the regional differences perspective in the comprehensive and holistic premise have important significances to promote coordinated of regional industrial development and employment level, and find out the real factors hinder regional optimization of employment structure, and puts forward some measures.

The book uses the theories of labor economics, industry economics, regional economics, econometrics and the existing relevant references, choosing macro data of relevant statistical yearbook and micro data of field survey, using empirical analysis method such as the multiple regression models, the theory of structural change, convergence analysis, and so on. The contents of this dissertation are mainly consisted of the following parts: (1) through method and tool of the co-integration with structural change, make quantitative analysis on the industrial structure and employment structure of co-integration sex measurement using of unit root model, estimate structural mutation type of industrial structure of employment, search the ways of promoting both coordinated development of industrial structure and employment structure; (2) discuss the particularity of the regional employment structure evolution and regional difference in the process of evolution of employment structure based on classification research, and analyze influence factors and essential characteristic in evolution of employment structure, through location quotient of the employment structure, coefficient of regional difference variation, employment elasticity, the employment structure deviation and comparative analysis of regional relative labor productivity, to get the relevant economic policy implications; (3) make Theil index inspection, σ convergence test and β convergence test to different types of regional employment structure in order to probe into the existence of convergence in employment of industrial structure among regions and convergence type; (4) analyze comprehensively the influence of all sorts of factors inside and outside on the labor force distribution among industries, and distinguish the influence factors and mechanism of structural changes of regional employment; (5) discuss the possibility of setting up an adjusting model for employment structure optimization which is advantageous to economic growth and job enlargement, and discuss direction and target of employment structure optimization in China, and puts forward the macro-control policies of local government, regional adjustment framework and specific measures.

The main innovations of this dissertation are as follows: (1) describe China's employment structure evolution process by the structure mutation model and check the stability trend and co-integration of the inter-industry transfer of labor, and search the cointegration relation between optimization of industrial structure of employment and economic growth, to establishes theoretic basic framework of relative policies; (2) first proposed the conception of Regional Difference Coefficient, which is a comprehensive index to measure regional difference of industrial structure of employment, overcome the limitation of relative labor productivity, degree of deviation and elasticity of employment; (3) By calculating Theil Index of the industrial structure of employment in China, overall difference is decomposed into the differrence between the eastern, central and western regions and the differences between provinces in their region, and uncover further the changes of Chinese industrial structure of employment from the regional structrue of differences and inner-regional difference; (4) bring the convergence analysis into the field of industrial structure of employment study, combined with test of σ convergence and β convergence, and make further regional segmentation to the provinces of eastern, central and western areas, to analyze the convergence and divergence of panel data of Chinese employment structure, and then define the connotation, characteristics and types of convergence of the industrial structure and measure the convergence speed so as to build a theoretical foundation to put forward the relevant policy implications.

ABSTRACT

With the framework of dual labor market, this research [illegible] the relation between agglomeration of industrial structure of employment and economic growth, establishes the theoretical framework of [illegible] policies. It first proposed the conception of Regional [illegible] Coefficient, which is a comprehensive index to measure regional difference of industrial structure of employment, overcome the limitation of [illegible] by predecessors' [illegible] of [illegible] employment, [illegible] measured [illegible] of the industrial structure of employment in China, overall difference is [illegible] and the difference between eastern, central and western regions [illegible] and the differences between provinces in the [illegible] China's industrial structure of employment [illegible] the [illegible] and structure of differences [illegible] bring the convergence analysis into the field of industrial structure of employment study [illegible] convergence [illegible] provinces of eastern, central and western areas [illegible] convergence and divergence of panel data of China's employment structure, and then define the connotation, characteristics and types of convergence of the industrial structure and measure the convergence speed so as to build a theoretical foundation [illegible] forward the relevant policy implication.

目 录

第一章 导 论

第一节 研究的背景、目的和意义

一、研究背景

就业是衡量一个国家和地区经济社会发展的重要标志之一。我国“十二五”规划纲要首次提出“实施就业优先战略”，坚持把促进就业放在经济社会发展的优先位置。“就业增长优先”与“经济增长优先”最大的不同，是增长方式由投资拉动转变为就业拉动。我国劳动力市场的不断发育和政府促进就业的一系列措施推动了我国失业问题的解决，但是劳动力市场作为一个复杂的系统，其功效的最大发挥，不仅在于就业规模，还在于就业的产业结构是否合理。“经济增长优先”还是“就业增长优先”不是谁先谁后的问题，而是一国发展战略的路径转换，这预示着我国在劳动分工、就业的产业结构、产业结构，以及相关人力资源开发政策、教育培训政策、就业保障政策等方面都需要进行深刻变革。“就业增长优先”的发展模式，不仅能够有效促进经济增长与就业增长良性互动，也将推动就业的产业结构由传统型向现代型转变。其特点主要表现为：在产业结构和经济结构上，注重发展有利于增加就业含量和开发利用人力资源的经济产业和生产服务领域。目前，二元结构、产业结构等结构性矛盾仍是我国现阶段经济发展中的主要矛盾，经济结构调整成为现阶段经济运行的主要特征。就业的产业结构优化、产业结构升级及二者动态适配问题已得到党中央国务院的高度重视，《中共中央关于制定国民经济和社会发展第十二个五年规划的建议》指出，目前经济发展中不协调和不可持续问题依然突出，产业结构不合理、就业总量压力和结构性矛盾并存。产业结构的不断升级形成就业的产业结构滞后于产业结构的不平衡局面，进而带动就业的产业结构优化；就业的产业结构的某些因素又能诱发产业结构的变动。目前我国的第一产业就业人数比重持续下降，第二产业就业人数比重稳步上升，第三产业就业人数比重上升速度较快。1994 年起，第三产业的就业人数开始超过第二产业，并且持续上升，直到 2011 年超过第一产业，成为吸纳就业最多的产业。[①] 但与发达国家相比，中国的第三产业发展仍然不足。发达国家第三产业吸纳就业的比重超过 60%，与其相比，中国的第三产业尚有很大的发展空间。就业的产业结构是产业间劳动力要素分配和流动的结果，同时也成为促进或制约产业结构升级的重要因素之一，促进产业结构与就业的产业结构协调发展，是实现产业结构优化调整和劳动力充分就业的紧迫而艰巨的任务。

中国就业的产业结构失衡问题不仅表现在三次产业就业人数占就业总数的比例不合理，还表现在区域结构不平衡，例如：改革开放三十多年的发展，我国就业人口主要集中在东南部沿海地区，而且东南部沿海地区与中西部地区的就业的产业结构存在着明显的差异。与地区间、产业间经济发展不平衡和就业水平相联系，我国不同区域的就业人数的产业分布存在很大的差异，劳动者就业的产业结构是否合理、劳动力配置是否有效率，成为影响区域经济结构调整的因素。20 世纪 80 年代后期以来，我国区域劳动力流动呈现了一个流动规模越

① 人力资源和社会保障部 2011 年 6 月 4 日公布的《2011 年度人力资源和社会保障事业发展统计公报》的数据显示，2011 年全国 7.6 亿就业人员中，有 35.7%在第三产业，而第一产业就业人员占比为 34.8%。而我国 1978 年三次产业的就业人数为第一产业占全部就业人数的 70.5%，第二产业占全部就业人数的 17.3%，第三产业占全国就业人数的 12.2%。

来越大，流动成本越来越低的发展过程，从1978—1999年转移的劳动力存量由0.22亿增加到1.4亿，年均增长率为9.3%。[①] 劳动力区域流动对两个地区的市场规模、要素相对禀赋、中间产品生产等各个层面均造成显著影响，特别造成地区间三次产业就业人数的显著变化。由于劳动力要素在区域间的流动数量和频次的增加，地区间就业的产业结构分布产生不均衡的态势。区域就业的产业结构优化与区域产业结构升级的协同发展是客观规律要求。区域产业结构的升级是区域产业中各生产要素在各个产业中的重新优化配置。区域三次产业就业人数分配的优化，使各种层次和类型的区域劳动力需求量随着区域产业结构的调整而变化。区域劳动力的质和量的需求在区域产业结构调整过程中需要不断调整，以促使区域就业的产业结构得到优化和升级，与调整中的区域产业结构动态匹配适应。我国区域产业结构的持续升级，必然要求区域就业的产业结构持续性优化与之协同匹配。

区域就业的产业结构优化与产业结构升级的动态适配已成为各区域政府最急需解决的实践难题。《人民日报》于2012年5月2日报道，陕西省委提出落实就业优先战略，推进均衡就业，即适应区域经济均衡发展趋势，逐步实现劳动力充分就业并保持东中西部地区间、产业间劳动力就业总体相对均衡的状态，该信息的发布可看作是陕西省即将着手提高就业的产业结构与产业结构协调发展水平的信号释放。2012年5月，《吉林日报》刊载了一篇题为《时代的要求，人民的期盼》的文章，文章指出吉林省的人均GDP已经达到工业化后期阶段水平，但三次产业结构、三次产业就业的产业结构、工业内部结构和城镇化水平还远未达到工业化后期水平，故而该文提出要紧扣产业发展布局，促进就业的产业结构优化以支撑产业结构升级。《江苏省“十二五”人力资源和社会保障发展规划》提出，深入分析加快转变经济发展方式对人力资源供求关系的影响，准确把握经济结构调整、产业转型升级与社会就业之间的内在规律，科学判断人力资源总

---

① 数据来源：国家统计局网站。

量和结构的变化趋势，着力化解就业的产业结构性矛盾，努力实现社会就业更加充分，将是这一时期的根本任务。区域就业的产业结构与产业结构的协调发展不仅是欠发达省市所面临的难题，同样也是发达省市区域所面临的急需解决的难点问题，并且发达地区认识到该问题的重要性及解决的迫切性更早。

从理论上来看，就业的产业结构是国家统计部门公布的主要经济数据之一，也是经济研究领域当中使用广泛的概念。关于我国产业结构的地区差异问题，已有大量学者进行了研究，但对于我国就业的产业结构的区域差异研究在整个经济理论当中仍然处于边缘的地位。通过查阅相关文献可以发现，大多数研究局限于对各地就业的产业结构数据的描述性统计和简单趋势预测上，比较缺乏系统性、理论性。综合分析国内外学者的相关研究成果可以发现：现代经济理论当中还没有一个简单一般均衡模型能确定区域间就业的产业结构差异的程度；没有系统地研究就业的产业结构区域差异形成的内在规律；系统性研究宏观的区域就业的产业结构优化与区域产业结构升级动态协调匹配的文献较少；缺乏构建判断区域就业的产业结构合理化程度的评价指标体系的方法。因此，就业的产业结构的区域差异究竟如何影响地区的产业发展和就业水平，在广泛的就业产业结构研究当中是一个没有深入探讨的问题。要回答这个问题，首先要测定我国就业的产业结构的区域差异是在加深还是在减弱。其次，全面系统地从就业的产业结构区域差异的角度探讨我国产业区域劳动力流动与分配的问题，对于找出真正阻碍我国区域就业的产业结构优化的因素并提出措施具有重要意义。为了使区域就业的产业结构更好地助推产业结构健康有效地发展，也为了提高我国就业水平和劳动力配置效率，我们必须将就业的产业结构的区域差异性研究作为首要解决的问题之一。

二、研究意义

（一）理论意义

综观目前相关理论研究，有关就业的产业结构区域差异问题的研究，以及我国各地区就业的产业结构发展趋势是呈现收敛还是发散态势，我国就业的产业结构发展区域差异形成的原因是什么，应该采取什么样的方式促进就业的产业结构的区域协调发展等方面的研究甚少，而这些问题都值得进行深入的研究。而本书引入收敛（Convergence）的概念，试图探索我国就业的产业结构的收敛性趋势，从而据此建立有效的产业转换机制和劳动力转换机制。收敛性研究起源于索洛的新古典增长模型，一直以来是经济学领域里的一个前瞻性研究课题，对于研究我国的就业的产业结构问题也是一种新思维。国内外学者对收敛的测度及相关变量进行了卓有成效的研究，为进一步深化经济收敛性的研究奠定了基础。但是目前我国关于就业的产业结构的收敛性研究尚处于探索和形成过程中，对于就业的产业结构的收敛性研究尚不成熟，国内外学者仍未能建立一个统一的理论框架和分析体系。另一方面，从我国 1978 年以来的就业的产业结构数据的初步分析来看，就业量的数据生成过程存在突变性，而且，产业结构的不断升级形成就业的产业结构滞后于产业结构，进而带动就业的产业结构优化；就业的产业结构的某些因素又能诱发产业结构的变动。因此，研究我国就业的产业结构的收敛性和结构突变性及其形成机理和相关的调控政策具有重要的理论价值。

本书在已有文献的基础上，试图以 1978 年以来我国大陆地区 29 个省、市、自治区（不包括重庆、西藏）的面板数据为基础，利用结构突变理论对其进行分析，并进一步运用协整理论，对我国区域产业结构与就业的产业结构的关系进行实证分析，并结合典型区域的现状调研，研究中国就业的产业结构的收敛规律，揭示区域就业的产业结构收敛和差异形成的内在机理和阐释相关经济因素，为相关学者研究提供借鉴或者研究工具。它对于拓展产业结构与就业的产业结构研究的视角，丰富就业经济学理论，探索我国各地区就业的产业结构发展不平衡原因及其变化规律，以及对现有关于区域就业的产业结构优化的理论和研究方法的发展，均具有一定的理论创新价值。

（二）现实意义

党的十八大报告中明确指出，当前的重要任务是务必要推进经济结构战略性调整，促进区域协调发展，继续实施区域发展总体战略。从全国的范围来看，中国的区域就业的产业结构失衡较为严重，这种表现主要集中在劳动力市场化程度，产业就业的产业结构偏离度，以及相对劳动生产率等方面，它们之间存在较大的区域差异性。特别是近几年随着劳动力流动政策的放开和区域经济的迅速发展，这种区域就业的产业结构的差异性和不平衡性更加明显，在此影响下，经济的区域结构调整必将受到制约，这对于区域经济协调发展和国家宏观经济政策的制定以及经济调整政策的实施产生负效用。研究中国就业结构演进的主要问题就集中在对中国就业的产业结构差异性的分析上，而这种差异性的分析主要针对中国各个省际的就业的产业分布以及劳动力市场运行状态等方面，在此基础上通过市场和宏观经济政策等一系列的措施调节经济中存在的差距。

本书研究致力于从更加本质的视角来揭示中国就业的产业结构的调整和优化的基本规律，将在实践中帮助各区域正确认识和提升区域就业的产业结构和产业结构的协调适配程度，制定科学合理的区域产业发展策略和就业政策，通过对区域就业的产业结构差异的调控，进一步推进国家经济的大政方针，有效支撑区域产业结构的升级和促进区域就业率的提高，推动跨省区的多元合作和区域经济可持续发展。在调整国民经济发展转型的同时，为了修正区域间的不平衡与差异性，国家宏观经济政策不断地调整，尤其表现在就业政策的制定时，将调解区域间的不平衡与差异性作为重点来考虑。在空间上，我国不同的区域或城市就业的产业结构发展方向和就业的产业结构优化措施是不同的；在时间上，中国就业的产业结构存在着一个演进的过程，具有路径依赖性。产业结构调整升级以后，如果能够提高就业的产业结构的收敛速度，使就业结构在相对较短的时间内与产业结构达到匹配，将有利于整个社会经济的快速、健康、协调发展。然而，我国就业的产业结构的收敛速度如何？属于哪一种收敛类型？其形成机理是什么？产业结构优化是否对其产生了促进作用？就业结构的改善是否激发了产业结构的提升呢？区域就业的产业结构收敛性是否具有差异性？

同时，我国就业的产业结构的演变是否存在结构突变点？产业结构优化是否对其产生了促进作用？就业的产业结构的改善是否激发了产业结构的提升呢？二者的演变历程是否具有协同性？这些问题值得我们对中国就业的产业构成、就业结构的区域差异形成规律进行深度思考。本书的研究将逐步探讨这些问题，因此，本书的研究具有广泛的实践意义和重要的社会意义，希望能够对我国产业政策和就业政策的制定提供参考。

三、研究目标

本书的研究试图回答和解决以下几个问题：

1. 对中国就业的产业结构在不同区域的差异性特点进行实证分析。通过各种指标的设置做多元回归模型，检验中国就业的产业结构总体发展现状与结构状况，回顾与总结我国改革开放三十多年来就业的产业结构发展与演进的规律，并且探索市场化条件下就业的产业结构的发展趋势和目前存在的问题。

2. 选取能体现就业的产业结构差异的具有代表性的指标及研究变量。以国内各个省区的划分为研究基础，运用动静态分析结合的研究方法，全面系统地对区域间的就业的产业结构的差异性进行分析比较，并且采用收敛性检验的分析范式和衡量标准进一步分析就业的产业结构与区域经济发展水平差异的内在联系。

3. 对就业的产业结构差异与经济发展差异之间的关系进行系统分析。对中国就业的产业结构在特定条件下的发展演进与区域差异形成的内在逻辑进行诠释，探讨区域就业的产业结构的发展与演进是否存在着与产业结构互相影响的决定性因素，是否存在就业的产业结构差异与经济增长、就业率相互影响的一般规律。

4. 充分考虑就业人口在产业间的分布对不同主体的影响，寻求区域就业的产业结构的合理性区间。基于中国经济结构调整以及构建和谐社会的需要，从资源配置、劳动力市场变迁、宏观经济调控政策的制定与实施等一系列问题展开，研究中国就业的产业结构的调整方向及措施以及调整的空间，提出具体的调整和优化中国就业的产业结构差异的措施以及经济转型的宏观经济政策和目标。

第二节 基本概念的界定

目前，国内外关于就业的产业结构研究的文献非常丰富，而基于区域差异对就业的产业结构进行研究，概念的多样性及模糊性是一个突出的问题，因此有必要首先在此给出有关主要概念的解释及界定，以进一步明确本书所研究问题的内涵。

一、就业的产业结构

“产业”这一词汇有狭义与广义之分，狭义的产业限于物质生产领域或部门，广义的产业扩及社会全部生产和服务活动。产业结构是指各产业的构成及各产业之间的联系和比例关系，又称为国民经济的部门结构，包括国民经济各产业部门之间以及各产业部门内部的构成。① 产业结构的研究范畴要根据产业的分类来界定。在我国经济研究和经济管理中，产业经常使用的分类方法主要有两大部类分类法、资源密集度分类法与三次产业分类法。两大部类分类法运用于传统社会主义经济学理论，按生产活动性质把产业部门分为生活资料生产部门和生产资料生产部门两大领域。② 资源密集度分类法根据劳动力、资本和技术三种生产要素在各产业中的相对密集度，把产业划分为劳动密集型、资本密集型和技术密集型产业。三次产业分类法起源于20世纪20年代，国际劳工局最早对产业作了比较系统地划分，即把一个国家的所有产业分为初级生产部门、次级生产部门和服务部门。后来，许多国家在划分产业时都参照国际劳工局的分类方法，三次产业分类法成为世界上较为通用的产业结构分类方法。在中国，产业的划分是③：第一产业为农业，包括农、林、牧、渔各业；第二产业为工业，包括采矿业，制造业，电力、燃气及水的生产和供应业，建筑

① 于光远. 经济大辞典：工业经济卷［M］. 上海：上海辞书出版社，1983.

② 马克思. 资本论（第二卷）［M］. 北京：人民出版社，1975：263.

③ 国家统计局. 关于印发《三次产业划分规定》的通知（国统字［2003］14号）.

业；第三产业为服务业，包括交通运输、仓储和邮政业，信息传输、计算机服务和软件业，批发和零售业，住宿和餐饮业，金融业，房地产业，租赁和商务服务业，科学研究、技术服务和地质勘测业，水利、环境和公共设施管理业，居民服务和其他服务业，教育，卫生、社会保障和社会福利业，文化、体育和娱乐业，公共管理和社会组织，国际组织。本书的产业结构相关研究基于三次产业分类法。

所谓就业的产业结构是指一个国家或地区的劳动力资源在产业间及产业内部的配置状态或所占比重关系，以及它们之间相互联系、相互依存、相互作用的经济联系和数量对比关系的总和，是狭义的就业结构。广义的就业结构指不同类型的就业人员的构成，包括就业的产业结构、就业的所有制结构、就业的素质结构、就业的城乡结构、就业的性别结构、就业的年龄结构等。就业的产业结构理论主要是研究就业的产业结构相关要素的组合、关联与演变规律。本书研究的就业结构概念仅限定于就业的产业结构。就业的产业结构直接反映不同产业之间就业的相互关系，是产业结构与影响就业各因素综合作用的表现，就业的产业结构反过来又会影响产业结构，从而改变影响就业的各因素在产业中的作用大小与方向。

二、区域和区域差异

资源禀赋的不同及经济与社会发展水平的差异，导致我国各区域就业条件、就业率和就业政策等方面都存在着明显的差别。因此，从区域差异的角度研究我国就业的产业结构，首先必须对区域空间进行研究，了解区域内涵和明确区域差异。

（一）区域的概念

区域是一个客观存在的空间地域概念，同时也是一个多侧面、多层次而且相对性极强的概念。地理学、政治学、社会学、区域经济学等不同学科的学者为了研究的需要，对区域的内涵进行了不同的界定。即使在经济学领域，区域的定义也有多种。美国区域经济学家Bain（1964）认为区域赖以存在的基础在于人类的生产与生活都要占据一定的空间，资源和市场不可能定位在没有长度和宽度的虚构空间上，人类活动存在着资源的空间配置问题。英国区域经济学家 Richardson（1973）认为在区域经济中的区域主要指的是国家的下位空间单位。美国区域经济学家 Edgar·M. Hoover（1975）认为区域是作为一个应用性整体加以考虑的一片地区，它基于描述、分析、管理、计划或制定政策等目的于一体，可根据内部的同质性或功能一体化原则进行划分。国内学者也对区域概念进行了不同的阐释，张可云（2001）认为区域是具有内聚力的地区，区域的划分是通过选择相关特征并排除不相关特征而进行的，区域内部的地区之间具有同质性。张敦富（1999）、吴殿廷（2003）认为区域是具有特定功能、经济活动相对独立的地域空间，区域内部联系紧密而完整。魏后凯（2006）认为区域是人为划定的地球表面的一定范围空间，是根据某些方面特征的内聚力而形成的、具有相对独立结构且能够独立发挥功能的整体。

虽然不同学者对于区域概念的表述不完全一致，但基本上都认同区域是一个整体的地理范畴，区域内部事物具有同类性或联系性，而在区域间则构成差异性。区域在经济属性上具有匀质（Homogeneous）和极化（polarized）的特点。所谓匀质性也称为同类性，即区域所属范围在自然条件、自然资源和社会经济条件等方面有某些共性，经济发展水平和所处经济发展阶段大致相同；所谓极化性指区域所属范围被某种形式的流动联系在一起，从有内聚力的区域的空间组织形式上看待区域性质。

基于区域差异背景下研究我国就业的产业结构的需要，本书所研究的区域主要是按照行政经济区域层级角度来划分的。早在 1922 年，《全俄中央执行委员会直属俄罗斯经济区划问题委员会拟订的提纲》中提出区域是能够在国民经济分工体系中承担一定功能的经济区概念。[①] Edgar·M. Hoover（1975）也曾认为："最实用的区域划分应

① 《全俄中央执行委员会直属俄罗斯经济区划问题委员会拟订的提纲》原文的内容为："所谓区域应该是国家的一个特殊的经济上尽可能完整的地区。这种地区由于自然特点，以往的文化积累和居民及其生产活动能力的结合而成为国民经济总锁链中的一个环节。"

当符合行政区划的疆界”。[①] 随着几十年的传统经济体制的变迁，中国的行政区域也经历了不同发展阶段。[②] 按照行政区域的空间范围来划分，区域可分为国家、介于国家和省级区域、省级、城市以及产业区等不同层次的区域范畴。目前，我国经济问题的区域研究中一般将我国划分为东部、中部、西部三个地区，东部地区包括北京、天津、河北、辽宁、上海、江苏、浙江、福建、山东、广东和海南等 11 个省（市）；中部地区包括山西、吉林、黑龙江、安徽、江西、河南、湖北、湖南等 8 个省；西部地区包括内蒙古、广西、四川、重庆、贵州、云南、西藏、陕西、甘肃、青海、宁夏、新疆等 12 个省（区、市）[③]。本书开展实证研究以三大经济带，即东、中、西部地区作为研究主体，所取的样板区域主要为省级区域，这主要基于以下考虑：

首先，省级区域是按行政区划的经济区，这种区域划分的主要特点是区域界限明确，拥有较为健全的产业结构和强有力的经济增长中心，长期以来形成一整套的经济管理体系。省级政府经济管理对区域内企业和就业者的经济行为有着重大影响，从而对区域经济发展有巨大作用。

其次，我国有东、中、西三大经济地带的划分在于处理不同发展水平上的区域经济间的关系，其依据是三大地带分别有各自相近的自然经济、社会经济发展条件、大体相当的经济发展水平等，拥有较为健全的产业结构，强有力的经济中心及广大的周边范围。

---

① ［美］胡佛（Hoover · M. Edgar），杰莱塔尼（Giarratani）. 区域经济学导论［M］. 郭万清等译. 上海：上海远东出版社，1992.

② 新中国成立初期，我们区域布局为华北、东北、华东、西北、中南、西南六大区，相应地设置大区军政委员会及中央局，推进沿海与内地的均衡发展。1958 年，为了构建不同水平、各具特色、工业体系相对完整均衡发展的区域体系，曾将全国划分为七大经济协作区，并成立大协作区委员会。“文革”期间，以各大军区的区域布局为依据，将全国划分为西南、西北、中原、华北、华东、东北、华南、闽赣、山东、新疆十大片。

③ 我国东部、中部和西部三大地区的划分最早根据 1986 年全国人大六届四次会议通过的“七五”计划制定，1997 年全国人大八届五次会议决定设立重庆市为直辖市，并划入西部地区。2000 年国家西部大开发中将内蒙古和广西纳入西部优惠政策范围中。

第三，从资料搜集的便利和权威性角度来说，现行的经济统计资料等基本研究资料的来源也是以省区资料为基础，有利于考察中、东、西部地区的经济发展差异与就业的产业结构间的关系，可以判断不同区域就业政策和产业政策的有效性以及对就业与经济发展的贡献程度。

（二）区域差异

区域差异，简单地说就是指两个或者多个区域之间的差别。从宏观经济的角度来看，区域差异指在一个国家内部呈现出发达与不发达并存的空间格局，包括劳动力、资金、技术要素的赋存状况，生产发展水平与规模，产业结构与产业组织状况，市场容量与发育程度，生产成本与生产效率等方面的差异。在经济研究领域中，区域差异概念包含了价值判断成分，例如对某一经济现象所做出的区际差异过大、区际差异悬殊等表述。区域差异的概念包含三个层次：首先是区域之间经济指标在质量和数量特征上的差别，表现为社会经济现象和事物之间内容上或形式上的不同；第二是区域之间经济权益的不等量，表现为区域间经济权益偏离“公平”或“合理”状态；第三是从区域经济系统的运行角度来看，区域之间在经济结构、功能等方面没有达到和谐的状态。区际差异是影响区域经济发展以及整个国家经济发展的最基本因素之一。区域差异对一个区域及一个国家的经济和社会发展的影响具有两面性：区域差异是区域间竞争与合作的基础，它促进了资本、劳动力、技术、信息等要素在区域间的流动和有效配置，但严重的且不断扩大的区域经济差异，不仅不利于资源合理地配置和国民经济持续、快速、健康地发展，而且影响社会的安定和国家的政治经济统一。

几乎世界上所有国家都存在着程度不同的区域经济差异问题，它是区域经济发展不平衡的一种表现形式。经济的区域差异主要表现为以下几个特点：

1. 区域的资源禀赋和区位条件是区域发展的主要制约因素。资源禀赋是区域发展的资源基础，主要由自然资源与社会经济资源构成，其中自然资源主要包括矿产资源、土地资源等，社会经济资源主要包括人口、劳动力、资金、技术等。区位条件是区域间的空间关系及空间关系对区域发展影响的综合。区位条件对区域发展有着重要影响，区位条件越好则意味着可用最小成本的付出获得最大发展的可能。

2. 区域差异是在长期的社会经济发展过程中逐步累积形成的。各区域在发展基础、发展速度、发展方向、发展效益、经济结构等方面都存在较大的差别，从而形成经济发展水平上的差异，表现为人均国民收入、产业结构、经济增长速度和综合经济实力等方面的不平衡发展，而且这种差异将在动态变化中以新的形式出现。由于欠发达区域发展基础较为薄弱，在发展速度和发展水平上实现与发达地区的同步发展难度较大，随着经济与社会不断的发展变化，欠发达区域与发达区域之间的差距可能会进一步扩大。

3. 区域的资源配置能力受国家的宏观区域政策影响较大。如果国家政策确定一些区域为发展的重点地区，实行相应的倾斜政策，享受倾斜政策的地区与未享受倾斜政策的地区，就会形成资源配置能力上的不同。资源配置能力主要指由政府、企业、个体的管理或经营能力组合而成的对区域内外资源的利用能力。资源能否得到有效利用主要取决于资源配置能力，资源配置能力越强，资源配置的效率也就越高，区域的发展速度就越快。

三、收敛性

收敛性（Convergence）又称为趋同性，这一概念来源于数学中数列或极限分析。在数学中收敛的含义是：对任意 x，$\delta>0$，当 n 充分大时，若有 $|f_n(x)-f(x)|<\delta$，那么就认为 $f_n(x)$ 是收敛的，即一个数列最终将趋于某一数值。经济学分析中的收敛概念指经济系统中经济单位的某些经济变量趋向于一个共同的值，其经济计量过程表现为封闭的经济条件下，对于一个有效经济范围内的不同经济单位，初期的静态指标差异逐步消失。

目前的文献研究把经济收敛主要分为四种类型：绝对 β 收敛，条

件 β 收敛，σ 收敛和俱乐部收敛。其中，绝对 β 收敛和条件 β 收敛是 β 收敛的两种形式，俱乐部收敛是从 β 收敛中分离出来的又一种形式。σ 收敛是指不同时点上，不同经济系统间经济指标的离差随着时间的推移离散程度呈现降低的趋势，一般采用国家或地区的经济指标的对数标准差来衡量。β 收敛是与时间序列相关的假说，指经济指标的变化和初始经济发展水平之间存在着负相关关系，并且随着时间的推移，所有国家或地区将收敛于相同的水平。绝对 β 收敛指不同经济系统间经济指标将随时间的推移而趋于同一均衡稳态。绝对 β 收敛的假设前提是对于由一些经济体（国家或地区）所组成的群体，尽管彼此相互隔绝、封闭，但却具有完全相同的基本经济特征。在这样一个特征完全相同的群体中，某个经济体的经济增长率与其离稳态的距离成反比。条件 β 收敛指不同经济系统间经济指标将随时间的推移而趋于各自的均衡稳态，意味着不同经济系统间不平等的现象会长期存在，并且各个经济系统会依然保持着自己的相对地位。俱乐部收敛是指经济特征相似且初始收入水平也相同的国家或地区向某一均衡稳态水平走近，即区域经济集团由于具有相似的技术、制度、文化、偏好等特征，从而各个集团内部存在收敛趋势，但区域经济集团之间不存在收敛趋势。[①]

收敛理论最初被运用于区域之间经济差距的分析，后来广泛地出现在经济增长研究中。在以索洛（1965）和斯旺（1956）为代表的新古典经济增长理论框架下，不同的经济单位（国家或地区），初期的人均收入与其经济增长速度之间存在负相关关系，即落后地区比发达地区具有更高的经济增长率。法国经济学家 Perrous · F.（1956）提出的发展极理论认为随着“极化区”的发展，区域经济差距在短期内存在，但是长期内消失。瑞典经济学家 Myradal · G.（1957）则认为区域间的人均收入、工资水平和利润率差距的产生会因累积性因果循

① Barro Robert J. and Sala-i-Martin Xavier. Eeonomic Growth and Convergence Across the United States [C]. NBER Working PaPer, 1990, No. 3419.

环的作用而不断扩大。Romer（1986）从内生增长理的角度也提出了对增长收敛性的怀疑。自20世纪80年代以来，收敛已成为经济增长理论中的核心概念，众多学者针对新古典增长理论预测出的收敛性，利用不同国家和区域的数据进行了实证分析。Baumol（1986）的实证研究结果显示，自1870年以来在16个较富裕的国家间显示了较强的增长收敛性。然而Delong（1988）认为其数据选择有偏差，在采用了更广泛的样本进行分析后，发现并不存在显著的收敛性。之后的学者们着重对条件收敛性问题进行探讨，做出了更合理的解释。1991年Barro等人引入条件收敛的概念，对β收敛和σ收敛做了开创性研究，显示经济增长的收敛性只有当人均GDP在一定的水平之下才成立，突破临界值后收敛性不再显著。① Mankiw等人（1992）的实证结果也同样证明了条件收敛性的存在，强调不同经济体可能具有各自的均衡增长路径。因此，传统新古典增长模型与新增长理论的主要差异在于是否承认经济增长的趋同假说。② 在条件收敛日益得到肯定的同时，学者们开始探索影响条件收敛的经济因素，并提出了"俱乐部收敛"的概念，将收敛性的理解进一步深化。

由此可见，收敛概念所描述的是经济发展过程中国家之间或地区之间，经济发展差距日益缩小的动态演变过程。而对于就业的产业结构研究来说，收敛是指经济发展过程中，在以产业划分的各国家或各地区集合内，就业的产业结构所呈现出的某种共同倾向和变动过程的一定相似性，即具有不同要素资源禀赋的地区，形成了相同或相似的就业的产业结构格局，它描述的就是国家之间或者地区之间就业的产业结构差异逐渐缩小的动态演变过程。

四、机理

一般来说，机理是指事物变化的理由与道理。在科学研究中，机

① Barro Robert J. and Sala-i-Martin Xavier Economic Growth Section of Political Economy [J]. Quarterly Journalof Ecomonies, 1991 (106): 407-443.

② 周亚虹，朱保华，刘俐含. 中国经济收敛速度的估计 [J]. 经济研究，2009 (6): 40-51.

理是指为实现某一特定功能，一定的系统结构中各要素的内在工作方式以及诸要素在一定环境条件下相互联系、相互作用的运行规则和原理。机理的内涵主要包括三个方面：一是构造，即组织构成和结合方式；二是运行规律，指内在本质联系，即因为构造体之间的相互作用而体现的一种特有的秩序或必然规律性；三是作用条件下实现的功能。构造涉及对象的组成，该组成决定了运行的情况和功能的本质。例如，树叶放在阳光下可以发生光合作用，而石头放在阳光下却不会发生这一反应，根本原因是二者的构造不同。因此，特定的构成形成特定的运行规律，从而必然导致某种功能，这就是所谓的机理。

在本书的研究中，"机理"范畴的使用一方面表明把社会经济活动和就业结构的变迁当作一个生命机体看待；另一方面表明对于就业结构的研究由抽象的经济关系拓展到经济机体及其机构和机能问题研究。

第三节　研究内容、研究方法与框架结构

一、研究内容

本书以劳动经济学、产业经济学和区域经济学理论为基础和指导，以国内外文献资料分析为基础，以全国各个省份的三次产业就业人数和经济发展的总量及分项指标的历史数据为依托，着重是从收敛性和结构突变性两个方面分析各省区的就业的产业结构中存在的区域差异，探讨就业的产业结构、经济发展的内部参数间的质与量的关系，并进一步对就业的产业结构与产业结构之间互动影响程度进行了充分的探讨，分析了产业政策和就业政策调控措施的尺度，深层次的总结和概括中国就业的产业结构发展中的经验教训，从而为完善就业经济学的研究体系和实践指导作用提供了坚实的理论基础。

首先，以我国 1978 年以来各省的面板数据为基础，由计量分析的数据结果判断我国不同地区就业的产业结构的收敛情况以及不同地区的结构性差异，并通过总结就业的产业结构的收敛条件和收敛速度

来探讨经济收敛性分析的方法与工具，从产业结构升级和就业结构优化角度来探讨我国就业的产业结构收敛性问题，研究中国各地区就业的产业结构的收敛规律。对于收敛性和发散性的分析通过两个层面来进行，一方面对同一省份不同年份来讨论收敛速度的变化，另一方面从同一年份不同省份来讨论。

其次，通过“突协整”的方法与工具，从产业结构升级和就业的产业结构优化角度来探讨产业结构和就业的产业结构之间的互动关系和结构突变问题，再利用单位根模型对产业结构与就业的产业结构的协整性进行计量分析，判断就业的产业结构的结构突变类型，探索就业结构与产业结构协同发展的途径。

第三，结合典型区域的现状调研，通过对就业的产业结构演变过程中收敛趋势形成的影响因素和效应分析，揭示就业的产业结构收敛的内在机理和阐释相关经济因素，为相关学者研究提供理论和研究方法借鉴。文中所研究的差异性涉及的是具有行政区域划分特征的各个省区，针对外在的经济因素和就业的劳动力市场环境因素等进行深入研究分析，强调经济条件、劳动力供给需求、产业宏观经济政策调控以及失业水平的控制。

第四，在推进国民经济总量增长的同时，必须及时调整和优化区域以及各个省份的就业的产业结构状况。构建了对区域就业的产业结构进行评价的指标体系，选取了与就业的产业结构相关的指标，全面而充分地对各区域不同层次就业的产业结构的差异进行比较，通过对区域就业的产业结构等各类指标的评价，明晰各区域就业的产业结构类型的趋势性特征。

第五，以中国就业的产业结构数据为经验支撑，辅之以国外的相关数据资料，在分析我国就业的产业结构区域差异的主要特征及其形成机理的基础上，拟构建既有利于经济增长又有利于扩大就业的就业的产业结构优化调控模型，探索就业的产业结构优化的比例关系，从优化就业的产业结构方面提出对政府宏观调控政策和制度的方案建议。

二、研究方法和数据来源

特定的研究主题不仅需要相关理论依托，而且需要特定的研究方法。本书采用的研究方法为理论与实践相结合、历史分析与现实研究相结合、定量研究与定性分析相结合、规范研究与实证研究相结合、静态分析与动态分析相结合的方法，在广泛收集相关的国内外现有的研究资料和借鉴、吸收已有的思想理论成果和在研期间追踪最新研究成果的基础上，运用劳动经济学、产业经济学、制度经济学、发展经济学、区域经济学以及计量经济学等相关学科的理论，力争通过研究方法和研究思维的创新，实现理论成果的创新，更好地将就业演进理论与中国实际相结合，使研究结果具有说服力。本研究拟选择和运用的研究方法主要有以下几种：

（1）文献研究法。根据论文的研究目的，通过调查大量中外文献来获得资料，从而全面地、正确地了解掌握就业的产业结构收敛及演进问题，了解该研究领域的历史和现状，得到就业的产业结构研究的比较资料。

（2）历史分析法。在分析我国就业的产业结构演进的过程中，运用发展、变化的观点分析客观事物和社会现象，揭示其发展趋势。追根溯源，对指标的选取采用了定性分析法，以期提出符合实际的解决办法；在大量的数据分析、现象分析基础上，归纳中国就业的产业结构及其区域差异的历史演变轨迹和发展规律；另一方面在不具备定量分析的条件下，通过理论推演和分析揭示中国就业的产业结构及其区域差异的深层次问题。

（3）定量分析法。在产业结构和就业的产业结构的协整分析中，构建计量经济学模型，采用收敛性分析、结构突变论等先进研究手段，对中国就业的产业结构的区域性差异进行分析和预测，对建议的提出提供比较充分的依据。

（4）动态分析法。结构研究与区域差异分析，不仅要看现阶段我国就业的产业结构的基本特征、不同区域差异特点和程度，更要分析就业的产业结构演进与差异形成的历史原因。因此研究中以客观的产业就业现象所显现出来的数量特征为标准，判断被研究现象是否符合发展趋势的要求，探求其偏离国际标准就业的产业结构发展趋势的原因并对未来的发展趋势进行预测。具体包括两个方面。第一，编制时间序列，通过动态时间序列展开纵向比较，反映整体与各区域自身就业的产业结构的发展路径与地位，在变动过程中的相互影响和彼此制约的关系，以及收敛速度等动态指标特征；第二，在对就业的产业结构变动规律性判断的基础上，测定其长期趋势的规律，并据此进行统计预测，为决策提供依据。

(5) 实证分析法。由于还没有形成完整的区域就业的产业结构理论体系，因此本书研究将在借鉴基础上对相关理论加以引申，运用了大量实证分析方法，将收敛性和结构突变的理论研究与我国区域就业的产业结构发展的实证数据结合起来分析，在规范分析的基础上，运用实证分析的结论来验证、丰富和充实主题，使研究结论更具有说服力和可信度，使理论与实践能够达到较好的结合，使成果更具现实意义。

书中的数据将主要取自改革开放以来，我国国民经济统计资料和劳动力变化相关数据，主要是《中国统计年鉴》和《中国劳动统计年鉴》中公布的就业的产业结构和经济发展相关的当期数据、第六次全国人口普查的数据，以及相关省区、相关人力资源与社会保障机构每年公布的统计公报等。本书根据构造计量分析模型，验证理论分析的需要对有关数据进行前期处理。一些数据资料也借鉴了部分自国内外公开出版公开发表、出版的期刊论文和专著以及相关专业网站（如人力资源和社会保障部网站、国家统计局网站、中经网等）。

三、基本研究思路与结构安排

本书的核心命题是探讨中国就业的产业结构区域差异的形成机理及优化路径，全文是按照这样的技术路线展开的：首先对与就业的产业结构理论相关的经典理论，包括配第—克拉克定律、库兹涅茨法则、就业结构转变滞后理论、就业结构转换理论进行阐释，在此基础上结合就业结构研究的现有相关文献和研究成果，明确本书研究的主攻方向，界定研究主题，在理论和实证两个方面进行准确定位。然后在总体上对我国就业的产业结构的发展历程和存在的问题进行分析，以此为基础对区域就业的产业结构进行实证分析，一方面是掌握我国就业的产业结构的区域差异性现状，另一方面对区域就业的产业结构进行收敛性检验。从两个层面对我国区域就业的产业结构差异及其形成机理展开研究，一是通过总结我国就业的产业结构区域差异形成的特点，以三次产业的结构偏离度、相对劳动生产率和就业弹性的区域比较为基础，对区域就业的产业结构差异变动形成的效应进行系统分析；二是基于区域差异的实证研究结果，结合评价指标的构建，考虑到就业结构对区域经济的影响机制，评价我国经济区域就业的产业结构的合理性，判断区域经济发展情况与区域就业的产业结构差异是否存在均衡关系。在此基础上将对我国就业的产业结构的合理性和就业的产业结构调整的可行性做出评价。

因此，本书对我国就业的产业结构的区域差异分析可分为三个研究层次：

一是对我国就业的产业结构整体性发展历程及其变动趋势的把握。本书对我国就业的产业结构整体性把握从不同层次角度展开，即从国家政治体制和经济体制变革的角度分析我国就业的产业结构的发展历程；从结构突变的角度，说明不同经济单位和产业部门的就业的产业结构的阶段性差异；通过与国外就业的产业结构变迁特点的比较研究，预测我国就业的产业结构的变动趋势和总结主要问题。

二是基于三次产业就业人数分布的区域性差异的分解研究，凸现三大经济带以及不同省区的就业的产业结构区域性差异特性。理想状态下就业结构应该适应区域产业结构和经济发展自然形成，是适应生产力发展和社会分工的结果，这样表现出来的就业结构区域特色是合理的。反之，将导致就业的产业结构的负外部性经济效应，这种区域差异将是不合理的。就业的产业结构区域性差异的分解研究正是对区域就业与产业发展相互促进机制的技术分解。

三是基于第三产业的区域就业的产业结构典型研究。第三产业目前是我国就业吸纳能力较强的主体，无论对解决就业压力还是对国民经济的贡献，第三产业都是不可替代的。考虑到第一产业就业吸纳能力不断减弱，而且区域特性相对简单，基本上围绕农业大省呈极化分布；同时第二产业就业受国家产业政策影响的波动幅度大，具体的分析会受到客观条件限制。因此在技术路线上选择第三产业这个吸纳就业能力不断增强的产业作为区域就业的产业结构的典型分析，对其决定因素以及与特定经济主体发展的关系进行代表性研究。

根据本书研究的内容和思路，具体的技术路线和研究方法如图1—1所示。

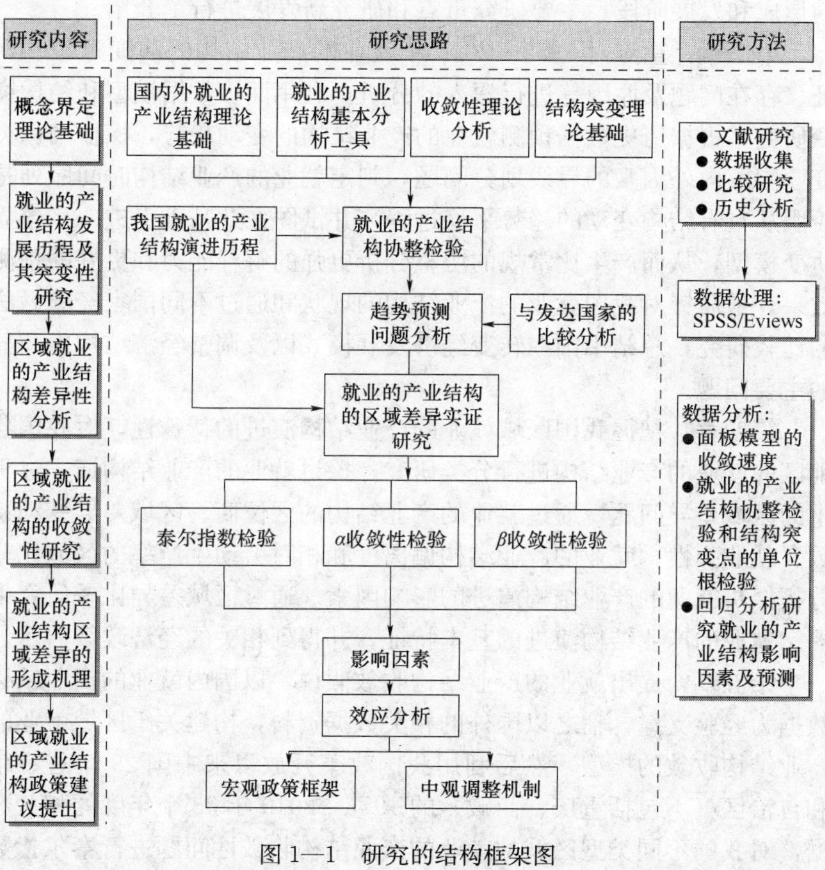

图1—1 研究的结构框架图

本书的具体结构安排如下：

第一章，导论，介绍研究背景，提出研究的主要问题，阐述了研究的理论价值和实践意义，界定研究围绕的几个核心概念，提出技术路线和总体框架。

第二章，在对就业的产业结构进行现实与历史考察前，对就业的产业结构相关概念和衡量指标进行界定，阐述研究就业的产业结构的基本分析工具，介绍国内外相关理论的研究现状，对相关研究进行述评。并对就业的产业结构研究领域的学术定位，就业的产业结构理论的形成和发展阶段、主要研究重点和研究新发展进行了介绍。

第三章，重点对1952—2010年就业的产业结构的演变过程、特征、存在问题及原因等进行深入的分析。利用面板数据模型和结构突变研究来根据历史数据预测就业的产业结构的变动趋势，探析结构突变原因及内外因素的界线划分问题，判定就业的产业结构时间序列是否服从具有结构变动的趋势平稳过程，并试图在此基础上进一步建立协变模型，从而产生比常规的协整分析更强的解释能力和更好的预测效果。最后针对我国就业的产业结构的现状和通过不同国家经验做法的比较研究，总结中国在转变经济发展模式以及调整经济结构中凸显的主要问题。

第四章，把握我国区域就业的产业结构演进的特殊性，对我国各地区的就业的产业结构进行分类研究，探讨就业的产业结构演进过程中的区域差异问题，通过就业的产业结构的区位商、区域差异变动系数、就业弹性、就业的产业结构偏离度和相对劳动生产率的区域比较分析探析就业的产业结构演进的影响因素。通过区域差异比较研究来揭示就业的产业结构演进的基本特征，并得到相关的经济政策启示。

第五章，提出就业的产业结构收敛假说，以国内就业的产业结构数据为经验支撑，辅之以国外的相关数据资料，构建关于区域就业的产业结构收敛的模型，然后利用我国改革开放以来中国29个省、市和自治区（不包括重庆、西藏）的1978—2010年33个年度的相关数据，对我国不同类型区域的就业的产业结构收敛性问题进行泰尔指数检验、σ 收敛性检验和 β 收敛性检验，以探讨我国区域之间是否存在就业的产业结构的收敛性以及收敛类型。

第六章，综合分析系统内外各种因素对产业间劳动力配置的影响，论证区域就业的产业结构演进过程的特异性和形成机理。通过对目标区域的就业的产业结构形成机理分析和时序推演，分析内生因素和外生因素的作用机制，判别区域就业的产业结构变动的影响因素和作用强度，描述内外生因素对各种传导机制和约束条件的影响，进而论证一些理论命题和实证检验方法。

第七章，对实证研究得出我国就业的产业结构特征和与经济增长存在的不平衡特性进行概括，并讨论了我国就业的产业结构的合理性和就业的产业结构调整的可能性问题。在分析就业的产业结构收敛性及形成机理的基础上，构建既有利于经济增长又有利于扩大就业的就业的产业结构优化调控模型，探讨我国就业的产业结构优化的方向和目标，提出对地方政府宏观调控政策和区域调整的框架和具体对策措施。

第八章，研究结论与展望。对本书的论证和研究创新进行了归纳和总结，同时探讨了有待进一步深入研究的理论命题。

第二章 研究的理论基础

第一节 就业的产业结构的基本分析工具

一、相对劳动生产率

相对劳动生产率（relative labor productivity）是一个重要的经济范畴，也是影响就业的产业结构的重要因素之一。一般生产率是指社会生产过程中的生产效率或生产中全部投入的产出效率，是最综合和最全面反映生产效率的概念和指标。劳动生产率是指劳动者在社会生产过程中从事生产劳动的效率，它通常是以一定时期内生产的产出总量与相应的从业人员总数的比值来表示。对这一概念我们可以得到两个方面的启示，一方面，从业人员总数增长取决于国内生产总值与劳动生产率的动态作用，并且二者呈反方向变化的关系。当劳动生产率增长快于国内生产总值增长的时候，从业人员总数必然下降。一般来说，加快国内生产总值的增长要比提高劳动生产率难度更大。另一方面，从劳动的角度考察，经济增长主要来自劳动力数量的增加和劳动生产率的提高。提高劳动生产率是发展经济的基本方面。发展中国家要在经济上赶上和超过经济发达国家，归根结底是要靠提高劳动生产率，要靠比发达国家更高的劳动生产率。

常用的劳动生产率概念有边际劳动生产率和相对劳动生产率。边际劳动生产率是指在其他条件不变的前提下，每新增一个单位的劳动投入量所带来的产出增加额。相对劳动生产率又称比较劳动生产率，是指某一产业以不变价计算的产值占GDP的比重与劳动力占总劳动力的比重之比，表示每增加1%的劳动人口相应创造百分之几的产值，其计算公式如下：

$$p_i=(G_i/G)/(E_i/E)=(G_i/E_i)/(G/E) \quad 式（2—1）$$

其中，p_i表示第i次产业相对劳动生产率；E_i表示第i（i=1、2、3）产业的就业人数；G_i表示第i（i=1、2、3）产业的增加值；E表示第一、二、三产业就业人数之和；G表示第一、二、三产业的增加值之和。

由公式（2—1）可以看出，相对劳动生产率反映了某一产业的劳动生产率和总平均劳动生产率之比，将各产业的投入、产出结合起来，可以衡量各产业的投入产出效率，并且综合地体现了各产业间的相互关系和整个产业结构变动过程。产业相对劳动生产率提高，表示每增加1%劳动人口所创造的产值增加，产业总体效率提高，说明劳动密集程度有所降低，产业发展潜力大。如果某一产业的相对劳动生产率小于1，该产业部门的劳动力就会向其他部门转移，并导致该产业在经济中的比重下降。一般来说，比较劳动生产率的演变规律为：农业的比较劳动生产率小于1，而工业和服务业的比较劳动生产率则大于1。

二、结构偏离度

产业结构偏离度是衡量产业结构与就业的产业结构是否均衡的重要测度方法。产业结构是指国民经济中各产业部门之间和各产业部门内部的构成，以及相互制约的经济联系和数量对比关系。在描述产业结构时，常常用产业部门的产值比重和就业比重来进行衡量，而其中的就业比重就是指就业的产业分布或就业的产业结构。从世界各国的经济发展历史来看，产业结构演变的基本规律是：第一产业的产值比重和就业比重不断减少，第二产业的产值比重和就业比重先增加，之后趋于稳定；第三产业的产值比重和就业比重不断提高。产业结构偏离度是指各产业增加值的比重与相应的劳动力比重的差异程度，它是反映就业的产业结构与产值结构间偏离程度的指标之一。产业结构偏离度分为各产业的结构偏离度、产业结构总偏离度和结构偏差系数。

各产业的结构偏离度是指某一产业的就业比重与增加值比重之差，主要反映就业的产业结构与增加值结构之间的不对称状态，偏离越大就意味着就业的产业结构与增加值结构不对称状态越严重。产业结构偏离度用公式表示为：

$$\alpha_i=\frac{E_i}{E}-\frac{G_i}{G} \qquad 式（2—2）$$

其中，α_i为第i产业结构偏离度。

产业偏离度可以反映就业的产业结构与产业结构的合理化程度和产业结构的效益，偏离度越接近于零，说明就业的产业结构越合理。结构偏离度等于零，表示劳动力资源实现了最优配置，就业人数在三次产业间的分配和三次产业的增加值在比重关系上达到均衡状态；结构偏离度大于零（即正偏离），表示劳动生产率较低，该产业的就业人数比重大于产业增加值的比重，劳动力有向其他产业转移的可能性。例如发展中国家的农业部门由于劳动生产率较低就存在着向其他产业转移劳动力的压力和趋势。反之，结构偏离度小于零（即负偏离），表示该产业的劳动生产率较高，存在着劳动力迁入的可能性。

就业的产业结构偏离度的变动，可以反映各产业吸纳就业能力的强弱变化趋势。当就业的产业结构由负偏离趋于0时，表明该产业正在吸引更多的劳动力迁入，同时也意味着该产业可吸纳就业的空间正在缩小。而就业的产业结构负偏离程度增强，则表示该产业吸引劳动力迁入的能力在减弱，但由于就业人员的减少，该产业可吸纳就业的空间呈现扩张趋势。在完全竞争的市场经济状态中，由于各产业间劳动力资源自由流动，在利益最大化的驱使下，劳动力就会向劳动生产率较高的的产业转移，直到产业间的劳动生产率相等，市场处于出清状态时，劳动力在各个产业间的流动才会停止。

就业的产业结构总偏离度是指三次产业产值与就业的结构偏离度

的绝对值之和，是测度产业结构效益的一种综合性指标。就业的产业结构总偏离度越高，表示就业结构与产值结构越不对称，产业结构效益越低。理论上讲，就业的产业结构总偏离度为0时，各产业的劳动生产率相等，达到了劳动力资源和产业经济资源配置最优的状态。

产业结构偏差系数是指各产业产业增加值的产业构成百分比与就业的产业构成百分比的比例与1的差，用公式表示为：

$$\beta_i=(G_i/G)/(E_i/E)-1 \qquad (2—3)$$

其中，β_i表示第i产业的结构偏差系数。

因此，结构偏离系数是相对劳动生产率与1的差。目前大多数对就业的产业结构的研究都基于均衡分析的基础上，结构偏离差系数也常作为衡量指标之一。某产业结构偏离系数小于0时，也就是相对劳动生产率小于1，该产业的从业人员比重大于增加值比重，对劳动力的吸纳能力较弱；相反，某产业结构偏差系数大于0时（相对劳动生产率大于1），则表示该产业对劳动力的吸纳能力较强。钱纳里、艾金通和西姆斯通过对多个国家经济增长的实证研究表明：随着人均GDP值的提高，第一产业结构偏差系数由负偏离趋于0，第二、三产业结构偏离度由正偏离趋于0。[①]

三、结构变动的相关性分析

相关性分析（correlation analysis）是分析客观事物之间统计关系强弱的数量分析方法，一般通过图形和数值来表示。根据相关的数量特征，变量之间的相关关系可以进一步划分为线性相关、非线性相关和不相关，而线性相关又可分为正线性相关和负线性相关。根据配第—克拉克定理，伴随着经济增长，一个国家的劳动力资源会逐渐从农业占优势而转向工业、服务业占优势，GDP及三次产业产值与就业之间存在着一定的相关关系，产业与就业互相推动。就业的产业结

① Chenery H B，Elkington H，Sims C. A uniform a-nalysis of development pattern，harvard universitycenter for international affairs. Economic Devel-opment Report . 1970.

构变动的相关分析包括三次产业就业比重和产值比重的相关分析，经济增长与在业人口产业结构变动或在业人口的行业结构变动的相关分析。进行相关性分析的主要方法有回归分析、格兰杰因果关系检验法（Granger Test of Causality）和协整理论。协整关系表明了经济变量之间短期受随机扰动项影响可能偏离均值，但随着时间的推移将会回到均衡状态。

四、就业弹性

就业弹性是某一时期就业人数增长率与GDP增长率的比值，用来衡量就业增长对经济增长弹性的大小。产业的就业弹性即某一产业产值每增长（或减少）1个百分点带动劳动就业增长（或减少）的百分点，用公式表示为：

$$e_i=d(E_i/E)/d(G_i/G)=gE_i/gG_i \qquad 式（2—4）$$

其中，e_i表示第i产业的就业弹性系数，gE_i表示第i产业的劳动就业增长率，gG_i表示第i产业的产值增长率。

产业的就业弹性系数是经常用来计算某产业（或行业）的增长对劳动力吸纳能力的一个指标。某产业的就业弹性系数越大，表示该产业的就业吸纳能力越强；反之，某产业的就业弹性系数越小，表示该产业的就业吸纳能力越弱。

就业弹性系数具有以下经济意义：

首先，产业的就业弹性系数是反映产业劳动力变动情况的增量指标①。由于在现实经济运行中无论是哪个产业，在经济规模和就业人数上的扩张空间都是有限的，所以产业的投入存在边际效用递减效应。在既定的产业增加值水平下，产业的就业人数增加包括存量增加和增量增加。存量增加指某产业在一定时期内新增单位增加值所带来的就业劳动力需求数量的增加，它反映的是该产业的劳动密集程度这一产业特征；而增量增加指某产业在一定时期内增加值增长所带来的

① 赵杨，刘延平．我国产业结构与就业的产业结构的关联性分析［J］．经济学动态，2010（12）．

就业增长比率的增加或减少。

其次，产业的就业弹性系数运用于就业的产业结构分析中，主要是用来衡量某产业的增加值变化所产生的劳动力就业扩张或收缩的程度。产业的就业弹性系数变化反映了各产业经济增长与就业之间的不同互动模式。产业的就业弹性系数为正值时，弹性系数越大，表明该产业吸收劳动力就业的能力越强。而当产业的就业弹性系数为负值时，产业增加值变动方向不同的情况下，对就业产生“挤出”或“吸入”作用，即一种情况是产业增加值增长而就业减少，此时如果产业的就业弹性系数绝对值增加意味着产业增加值的增长对就业的挤出作用更强；另一种情况是产业增加值为负增长而就业却增加，此时如果产业的就业弹性系数绝对值增加意味着产业的吸纳就业能力增强。

就业弹性是两个增长率之间的比率关系，因此在产业结构、产业发展战略等因素的影响下，可能存在产业发展很快却没有拉动更多就业的情况。同时，就业弹性系数应用的应用也存在局限性（丁守海，2009；蔡昉，2004），就业弹性高并不说明就业更加充分；反之，就业弹性低也不意味着失业更加严重。尽管如此，一段时期内的产业的就业弹性系数仍然是衡量某产业或行业的增加值增加对劳动力就业的“增量增加”程度的主要指标之一。

第三，产业的就业弹性系数受该产业的劳动密集程度影响。就业弹性系数受经济结构的影响，但是在给定技术进步的情况下，就业弹性的变化才能主要归功于相对于经济结构的就业的产业结构的变化（张车伟，蔡昉，2002）。劳动密集型产业与资金密集型产业相比较，相同资金会带来更快的劳动就业增长。因此，如果资金相对密集型产业和行业的经济增长高于劳动相对密集的产业或行业，就业弹性就会变小。一般来说，随着农业生产技术的进步和农业机械的广泛应用，第一产业吸纳就业能力最低，这是因为劳动生产率的逐步提高导致农村劳动力大量剩余。许多学者研究发现，第三产业的就业弹性最大，表明第三产业各行业吸纳就业的能力最强，而且传统服务行业吸纳就业的能力要强于现代服务行业。

第二节 国内外研究现状综述

一、就业的产业结构理论的思想渊源和形成

就业的产业结构理论的思想渊源可以追溯到17世纪。西方经典理论中虽然很少有专门研究就业的产业结构问题，但在研究经济结构变动过程中往往涉及就业的产业结构，或者在产业结构研究中涉及劳动力配置的思想，或者研究国家在工业化进程中，经济由传统农业部门和现代工业部门共存的二元结构转换成一元经济结构期间劳动力的流动问题。英国经济学家威廉·配第在《政治算术》通过考察得出结论：世界各国国民收入水平的差异和经济发展的不同阶段的关键原因是产业结构的不同，工业比农业收入多，而商业又比工业的收入多，这种不同产业之间相对收入上的差异，就会促进劳动力向能够获得更高收入的部门移动。[①] 因此他认为劳动力在各产业之间将发生规律性的转移：世界各国伴随经济水平不断提高，首先是劳动力从第一产业向第二产业转移，随着经济水平的进一步提高，劳动力将更多地向第三产业转移。20世纪40—60年代是现代就业的产业结构理论的形成时期。这一时期对就业的产业结构理论的形成做出突出贡献的主要有克拉克、库兹涅茨、阿瑟·刘易斯、钱纳里、艾金通、西姆斯、鲁宾逊和赛尔奎因等人。

1. 配第—克拉克定律

克拉克在吸收并继承了配第等人的观点的基础上，利用不同国家三次产业劳动投入和总产出的时序数据以及截面数据揭示了经济进步过程中产业部门间就业的产业结构变化的一般规律：由于产业间产品附加值的差异以及由此带来的相对收入的差异，会引起劳动力流动，劳动人口从农业向制造业、进而从制造业向商业及服务业的移动，进

① ［英］威廉·配第．配第经济著作选集［M］．北京：商务印书馆，1981：19-20.

而导致产业结构演进。该规律后来被称为“配第—克拉克定律”。[①]对于这一规律的形成原因克拉克从需求因素和效率因素进行了解释：从需求变化的角度看，随着人均收入的增加，对农产品的相对需求一直下降，而对制造品的相对需求首先上升，然后受服务业需求增加的影响而减少。从效率差别的角度看，持续上升的农业劳动生产率伴随持续下降的相对需求导致农业劳动力比重持续下降；而对服务业部门社会需求比其生产效率增长得更快，导致服务业中劳动力份额上升。配第—克拉克定理认为，劳动力在三次产业之间的转移能够揭示一个国家或地区产业结构演变的程度。

2. 库兹涅茨法则

库兹涅茨在克拉克研究成果的基础上，将产业结构重新划分为“农业部门”“工业部门”和“服务部门”，通过五十多个国家的庞大数据，从国民收入和劳动力在产业间的分布入手，对伴随着经济增长的就业的产业结构变化作了深入地研究，[②]使克拉克法则的地位在现代经济社会更趋稳固。他认为随着一国国民经济的发展，人均国民收入水平的提高，劳动力首先由第一产业向第二产业转移；当人均国民收入水平进一步提高时，劳动力便向第三产业转移，并从各部门内部分析了其中原因。他还把克拉克单纯的“时间序列”转变为直接的“经济增长”概念，从一国经济发展的时间序列和处于不同发展水平的国家在同一时点上的横截面比较来分析劳动力的部门份额变化，发现截面中不同收入国家与同一国家不同发展阶段的就业的产业结构演变大体上是一致的，人均国民收入水平越高，第一产业劳动力在全部劳动力中所占的比重相对越小，而第二、三产业中劳动力所占的比重相对越大；反之，人均国民收入水平越低，第一产业劳动力所占的比

① ［英］克拉克．经济进步的条件（第三版）［M］．伦敦：麦克米兰出版公司，1957：22-24.

② 库兹涅茨．各国的经济增长：总产值和生产结构［M］．北京：商务印书馆，1985：8.

重相对越大，而第二、三产业中劳动力所占的比重相对越小。因此，以发达地区各个截面的数据为参考依据，可以大致地预测落后地区的就业的产业结构演变趋势。

3. 钱纳里“标准结构”和就业的产业结构转变滞后理论

钱纳里和塞尔昆利用 101 个国家 1950—1970 年间的统计资料进行归纳分析，构造了著名的“世界发展模型”，并得出经济发展的“产业结构标准模式”，即经济发展不同阶段所具有的经济结构的标准数值。他认为，在一个发展中国家的结构转变过程中，随着人均收入增长而发生的需求、贸易、生产和要素使用结构的全面变化，在经济发展的不同阶段，有着不同的产业产值结构和劳动力就业的产业结构与之对应。[①] 钱纳里的“产业结构标准模式”实际反映了一个国家经济结构不断向均衡状态逼近的过程，对大多数国家产业结构高度化演进阶段进行综合描述。这为分析和评价不同国家或地区在经济发展过程中就业的产业结构组合是否“正常”提供了参照体系，同时也为不同国家或地区根据经济发展目标制定产业和就业的产业结构政策提供了理论依据，对分析发展中国家和地区就业转换具有重要意义。

钱纳里在发展中国家和发达国家的发展趋势的研究中提出，在发达国家工业化演进中，农业产值和劳动力就业向工业的转换基本是真实反映产业结构的实际变动状况，在结构转变的大部分时期，农业劳动力的转移都存在滞后现象。[②] 对发展中国家来说，现代大工业对劳动力的需求弹性较低，而且劳动力结构的转变涉及城乡移民和人力资本增加这样一些不能短期解决的问题，发展中国家的农业剩余劳动力首先被吸收到劳动比较密集、技术不太先进的工业部门，而不是一开始就直接被吸收到采用最新技术的现代工业部门。因此，工业就业的增加远远低于农业就业的减少，使得劳动力转移主要发生在农业和服

① 钱纳里. 发展的型式（1950—1970）[M]. 北京：经济科学出版社，1988：31-33.

② 钱纳里等. 工业化与经济增长的比较研究 [M]. 上海：上海三联书店，1989：141-144.

务业之间。直到结构转变的末期，这种趋势才有所逆转。

“产业结构标准模式”和就业的产业结构转变滞后理论研究通过实证分析和理论分析，归纳了产业发展与就业的产业结构的演进过程之间的关系：一方面产业结构的发展促进了劳动力就业规模和结构的变化，对劳动力的质量不断提出新的要求，从而会带来结构性失业；另一方面，劳动力流动所带来的劳动力在产业间的就业规模和劳动力质量结构的变化，也决定了一个国家或地区的产业结构调整路径和政策，从而对产业结构的演进过程产生反作用。因此，钱纳里等人的研究成果对于促进一个国家或地区就业的产业结构优化和产业结构升级具有重要的参考价值。

4. 刘易斯和费景汉、拉尼斯的就业的产业结构转换理论

1954年，阿瑟·刘易斯在《劳动力无限供给下的经济发展》一书中对经济发展过程中劳动力就业的产业结构演变过程的运行机制进行了理论上的研究。他认为，发展中国家具有典型的二元经济结构特征，即现代工业和传统工业并存在发展中国家的工业化过程中，工业部门面临劳动力供给的完全弹性。农业部门人口所占比例的下降一般不能被工业部门人口所占比例的提高所完全抵消，其他各类就业机会的扩大都发生在服务业领域。在农业剩余劳动力向工业转移的过程中，传统农业部门逐渐摆脱了剩余劳动力的负担得以挣脱贫困，并开始了真正的增长发展。刘易斯认为，在发展中国家人口通常增长得十分迅速，就业的产业结构变化从农业到制造业和服务行业受报酬差别的影响，因为农业的人均收入低于工业的人均收入，而制造业的人均收入又低于服务业的人均收入。

进入20世纪60年代，费景汉、拉尼斯进一步发展了刘易斯理论，提出了部门间平衡发展的思想，认为农业劳动生产率低的条件下，会导致非农产业对农业产品的消费需求得不到满足，从而促使非农产业工资成本上升，利润下降，降低投资动机，阻碍了农村剩余劳动力进一步向非农产业转移，因此，提高农业劳动生产率是解决这一困境的唯一选择。费景汉、拉尼斯的就业结构转换理论提出农业剩余

劳动力转移过程的三阶段发展过程，分析了结构转换的条件和阻碍因素。

此外，新古典综合学派约翰·希克斯根据劳动生产率和经济发展水平将经济活动部门分为扩张型部门和衰退型部门，并对不同行业进行分类，提出通过不同部门或行业之间的平衡发展来解决就业问题的观点。

二、近现代西方就业的产业结构及区域差异问题的研究成果

20 世纪 90 年代以来随着各国经济发展体现出多元化和差异化，就业的产业结构研究的重心已经由大范围、大样本开始转移到了一国或某地区，主要描述就业的产业结构变化的历程，总结就业的产业结构演变中的特征，并分析其原因，有的还对就业的产业结构的趋势进行了预测，提出变化中存在的问题及解决的对策。

较多的研究关注于就业的产业结构变动的历程及其特点，Hortan（1991）描述了南美 8 个国家在一年期间四个产业部门间就业的产业结构的变化，认为经济危机使得公共部门就业不断增加；Doyel（1997）研究了爱尔兰近年来的就业的产业结构变化，用计量模型分析了部门间就业的产业结构变化对各部门生产率的影响；Puri（2000）用一个 Bavesian 部门自回归模型预测了美国南加利福尼亚州的就业的产业结构变动；Amadeo（2000）描述了巴西 1985—1995 年制造业和四种服务业间及内部就业的产业结构的变化，分析了巴西就业的产业结构的重大变化对劳动力市场条件产生的影响以及劳动力从工业部门向服务业部门转换的效果，认为巴西服务业在衰退中对就业起了缓冲器的作用；Ros（2000）描述了墨西哥 20 世纪 80 年代以来就业的产业结构的变化和存在的问题，认为就业的产业结构变化是减少不充分就业和收入分配不合理的需要，并提出了发展合理的就业的产业结构并保持持续增长的对策；Faberman（2002）分析美国 Rust Belt 都市地区 1992—2000 年的就业的产业结构变动情况。

对就业的产业结构变迁的影响因素的研究也是一个热点。Abramovitz（1986）分析了农业劳动力从农业就业人数多的落后地

区向发达地区转移的变迁过程，认为落后地区由于农业剩余劳动力向非农产业的转移形成“结构红利”，促使其比发达地区的经济增长速度更快，因此随着工业化的推进就业的产业结构在落后地区和发达地区之间趋于收敛；Laine（1997）描述了澳大利亚 1972—1995 年间就业的产业结构的变化，用投入产出表分析了就业的产业结构变化的原因和影响因素；Barnes（1999）根据对澳大利亚 1978—1997 年间就业变化的实证分析，提出随着生产率的提高，部分行业的从业人数减少；Greenan（2000）描述了法国近 7 年来就业的产业结构的变化，发现技术创新较多的行业创造的就业机会较多；Hollanders（2002）通过对美国、英国等发达国家制造业在 1975—1995 年之间就业结构变动过程的比较研究，发现技术进步对于就业岗位的增加呈现要素偏向的特点，技术等级低的行业通过技术创新可以比技术等级高的行业获得更多的就业岗位；Lim 描述了菲律宾 1987—1998 年十大行业间就业的产业结构的演变，并分析了贸易和产业政策对就业结构的影响；Rissman（2003）描述了美国 1955—2003 年的就业结构变动，总结出影响就业结构演变的全局和局部两大类因素。

部分国外研究文献对发达国家就业的产业结构的区域差异问题也从不同角度进行了研究：Wren（1999）描述了英国 1971—1994 年间地区就业的产业结构的专业化程度，并分析了地方政府的政策对地区就业结构的影响；Garonna（2000）通过 Lilien index 方法对意大利的就业结构的地区影响因素进行了分析，认为劳动力在国家和地区之间的流动减少可以增加就业；Martin（2000）认为欧洲内部各地区之间的就业结构的区域差异呈现出扩大的趋势；Blien（2002）用 shift-share 方法分析东部德国地区的就业的产业结构，认为工作流程的分散化对就业的产业结构影响巨大，并以此解释区域差异和城市化，同时提出相关过程可以运用新经济地理学、结构变迁和内生增长理论等来解释。

三、国内就业的产业结构及区域差异问题的研究成果

（一）国内关于就业的产业结构的研究进展

在我国，就业的产业结构的相关研究主要包括三种类型：一是主

要借助就业弹性、就业的产业结构偏离度、相对劳动生产率和产业结构与就业的产业结构的相关分析等指标或分析工具，研究我国就业的产业结构与产业结构的匹配性；二是研究我国就业的产业结构演进的特征和影响因素；三是研究三次产业的就业效应问题。

1. 就业的产业结构与产业结构匹配关系的研究

近年来中国经济持续快速发展，经济结构的调整不可避免地带动就业的产业结构变动。目前我国对就业的产业结构的研究主要集中在就业的产业结构与产业结构之间的匹配性和协同性上。关于产业结构与就业的产业结构之间的关系问题，国内学者从不同角度进行了研究，已有文献大多支持产业结构变动对于我国就业的显著影响。喻桂华、张春煌（2004）通过对历史数据和国际数据的比较研究，发现就业矛盾的原因在于劳动就业的产业结构滞后与产业结构的变化，产生了结构性偏差，并且偏差的收敛速度慢于国际经验。周兵（2008）等研究发现，中国产业结构与就业的产业结构演变之间存在不协调、不合理的地方，就业的产业结构演变明显滞后于产业结构；实证结果表明中国各产业的劳动力均存在剩余，劳动力的转移作用机制不明显。之所以研究结论产生较大的差异，除了所采用研究方法和所选取的研究数据不同之外，还可能是由于学者们的研究视角更多着重于产业结构调整对就业的影响，而较少考虑产业内不同行业的“异质性”和“动态性”，以及对就业吸纳能力的作用机制。因此，基于产业层面的总量分析所得出的政策建议并非适用于每个行业，部分行业最终的就业状况甚至会与政策期望相悖（王孝成，于津平，2010）。多数学者认为我国产业结构与就业的产业结构演变之间协同性和匹配性较差，部分实证分析和实证检验表明产业结构和就业的产业结构之间的关系不紧密。

2. 就业的产业结构变迁的特征和影响因素研究

王爱文（1995）总结了中国 20 世纪 80 年代以来就业的产业结构的演变特征，认为就业结构与产业结构的偏差形成的主要影响因素是中国工业化进程中资金密集型的技术选择取向、经济发展水平和市场机制的作用程度。刘伟（1995）通过考察中国改革开放以来三次产业内部的结构变动，把第三产业分为四个层次、七个代表性部门，对其就业比重的增加速度进行了比较，提出中国第三产业的经济增长主要是通过提高劳动生产率来实现，但同时抵消了第一产业和第二产业对经济的规模效应。郭克莎（1999）特别解释了中国20世纪90年代结构偏差突出的动因，包括国内需求结构的变动，对外贸易结构的变动，产业投入结构变动及产业相对劳动生产率变动等。夏杰长（2000）认为我国劳动力就业结构变化基本上与配第—克拉克定理相一致，但相对而言，第三产业就业的份额偏低，第三产业发展相对滞后，因此大力发展第三产业对拓展劳动就业容量、提高就业增长弹性有重要的意义。伊海洁（2002）描述了中国20世纪80年代以来劳动力结构的变迁通过与美国的比较，指出发展第三产业的重要性。张玉英（2002）分析了中国就业的产业结构演变的特殊规律，认为劳动力的素质和农业部门的要素投入密集度是两个最重要的影响因素。

3. 产业结构的就业效应研究

魏作磊（2004）通过对发达国家服务业就业的产业结构的演变过程的分析，认为生产者服务业和社会服务业是提高第三产业就业比重的主要渠道，我国第三产业保持了较高的劳动力吸纳能力和潜力，但劳动力向第三产业转移的速度缓慢，发展商贸餐饮业、新兴服务业等劳动密集型制造业仍是今后我国吸纳农业剩余劳动力的主要行业。蒲艳萍（2005）对改革开放以来我国劳动力向第三产业转移的现状及对就业的影响进行了国际比较和实证分析认为，第三产业的就业弹性、对就业增长的贡献份额均高于第一、第二产业，第三产业已成为吸纳劳动力就业的主要产业，但我国劳动力向第三产业转移的速度缓慢，第三产业就业比重明显偏低。此外，以往为数不多的针对行业就业吸纳能力的研究往往以该行业全部从业人员而非城镇单位就业人员的就业状况作为研究对象。蔡昉（2007）提出，由于农业在就业中的“蓄水池”作用，乡村就业人员群体绝大多数在家里还承包土地，因此，如果回家务农不算失业，充其量是就业不足；但绝大多数城镇单位就业人员的失业则属于“显性失业”，对社会稳定的冲击更大。中国的结构性特点决定了劳动力需求集中在生产性岗位和劳动密集型的服务性岗位，经济增长对知识和技术密集型的服务业岗位的需求拉动作用较小。

（二）国内关于就业的产业结构的区域差异问题的研究成果

目前国内对于就业的产业结构的区域研究主要集中在对我国某一地区的就业的产业结构存在的问题进行分析和提出解决对策，或者通过一些描述性统计指标对我国就业的产业结构区域差异特征进行分析。段敏敏（2009）等的研究探讨了产业结构变动方向和变动速度对就业的作用机制以及对地区影响的区域性差异，认为产业结构变动方向、产业结构变动速度对就业有重要影响，产业结构变动方向与就业正相关，产业结构变动速度与就业负相关，并且产业结构变动的就业创造效应大于破坏效应，产业结构变动的净结果使就业增加，产业结构变动速度对就业的影响具有地区性差异。例如，刘晓君（2006）对山东省 1978 年以来的数据研究显示产业结构与就业的产业结构的变动也表现出明显的阶段性，并预示山东省潜在的就业压力要远远大于实际就业压力。叶仁荪（2003）通过对中国东、中、西三个地区就业状况（产业结构、所有制结构和就业人员素质）的比较分析，提出了我国中西部地区解决就业问题的建议：（1）抓好中西部地区产业的定位，抓住第二产业的发展；（2）国家应加大对中西部地区的扶持力度，促使中西部地区加快国有经济的发展；（3）中西部地区要着眼于未来，最大限度地加大教育投入，重视教育和培训事业的发展。张二震、任志成（2005）认为 FDI① 对中国就业的产业结构的演进有积极的促进作用，推动农业劳动力向非农产业的转移和促进劳动力素质结构升级。

中国经济发展的差异性和不平衡性引起了国内学者对采用收敛性原理分析区域差异动态变化趋势的关注，不少学者基于产业结构的演

① FDI 表示外商直接投资。

变理论和集聚理论对中国的经济增长和产业结构的收敛问题展开过研究，但是目前对于中国就业的产业结构收敛问题的研究非常少。魏后凯（1997）的研究表明中国区域间存在着明显的增长收敛。然而，王绍光、胡鞍钢（1999）对中国经济增长收敛性的存在总体上持怀疑态度。蔡昉等人（2000、2001）提出中国省际的人均GDP增长收敛是有条件的收敛，而且劳动力市场扭曲程度是影响中国人均GDP经济增长条件收敛的因素之一。刘强（2001）的研究结果显示，大规模劳动力的区际迁移是中国经济增长收敛的重要诱发因素，体现了中国特色化的工业化进程，国外的研究结论不适宜解释中国的劳动力转移对经济收敛的影响。周亚虹、朱保华、刘俐舍（2009）对中国30个省份1978—2006年间的人均GDP等数据的实证研究表明，中国总体经济具有加速发散的趋势，落后地区比富裕地区的经济增长发散现象更为明显，富裕地区的经济增长向收敛状态过渡。无论是在中国还是世界上其他国家，地区之间产业结构具有一定程度的趋同性是经济发展过程中普遍存在的现象（姚敏，2009）。对于中国经济收敛的研究文献为中国的实际经济增长绩效和收敛特征提供了理论解释，但是由于基本研究思想和所使用的方法与统计指标上的差异，不同的研究人员或机构得出了不同的结果。

部分学者探讨了我国产业结构区域间差异问题。季丹（2003）的研究表明，中国地区间产业结构的“同构化”和“低度化”并存，各地区产业结构高度相似。而中国产业结构演变的轨迹显示中国的产业结构还处于由低级阶段向高级阶段演变的过程中（李金华，2006）。一些研究关注我国就业结构与发达国家之间的差异，提出中国产业结构和就业结构的关系有着与国际标准模式不同的重要特征：第一，与相同经济发展阶段的其他国家相比，中国的产业结构偏差较大，并且偏差随着人均GDP的增长而扩大，其中第三产业结构偏离度已经超过国际标准模式的水平；第二，随着经济的发展，中国结构偏差趋向均衡的速度大大慢于其他国家（喻桂华、张春煜，2004）。还有研究也发现，中国的产业发展模式与国外的一般模式有着较大的背离（张建武、李永杰，2005）。而致力于了解经济增长和结构转换“一般规律”的研究者也发现一些难以解释的现象，例如，虽然服务业没有取得预期的高速增长，服务业在国民经济中的地位也没有显著提升，但中国却能在几十年的时间里，保持几乎是全球最高的增长速度；服务业发展滞后并没有成为增长的障碍（江小涓、李辉，2004）。王庆丰（2011）提出产业结构的发展过程决定就业的产业结构的演变趋势，长期来看就业的产业结构将逐渐收敛于产业结构。

四、国内外研究述评

（一）国外研究评述

纵观国外有关劳动力转移和就业的产业结构转换的理论观点，国外学者对就业的产业结构的实证研究和理论分析大多基于其所在国家劳动力转移状况，并且侧重于经济增长和产业增加值角度的分析，缺乏地域特点、劳动者素质多元化等因素对就业的产业结构影响作用的研究，因此相应的理论模型并不适宜城乡劳动力市场分割特点的中国劳动力市场研究。这是由于国外大多数国家走的是城乡一体化的发展道路，统一的制度缩小了就业分布的城乡及工农差距，因此国外学者们对就业的产业结构的研究是基于城乡一体化提出的，这与中国当前二元化格局及区域差异悬殊的实际是不相符的。

国外相关研究促进了我国学者对就业的产业结构的实证研究，我国大部分研究通过对各地 GDP 的产业结构和就业的产业结构的实证分析，借助就业弹性、就业的产业结构偏离度、相对劳动生产率和产业结构与就业的产业结构的相关分析等指标或分析工具，对我国就业的产业结构与“产业标准结构”或发达国家进行比较分析，或者对我国某一地区的就业的产业结构存在的问题进行分析和提出解决对策。这些研究成果对我国的经济政策有较强的指导意义，但缺乏对我国就业的产业结构的形成、演进动力和演进规律的系统性研究来支撑就业的产业结构理论的发展。

对于我国就业的产业结构的研究，不仅要考虑城乡二元结构的差异，还要考虑我国总体经济发展水平及不同区域的经济发展水平，而国外学者的理论研究很少涉及这些问题。因此，在借鉴国外就业的产业结构变迁的路径对策时，我们应反思不同社会经济条件的发达国家政策措施在中国的适用性，结合我国具体实际进行相关研究。

（二）国内研究评述

通过对目前我国学者针对就业的产业结构所作研究工作的梳理和总结，可以发现在以下几个方面观点基本一致：第一，我国就业结构与产业结构之间存在较强的相关关系，就业的产业结构变动历程也与国外研究结果基本一致，但是与产业结构的演进历程相比较，我国就业结构的发展存在一定的滞后性，第一产业仍有较高的劳动力存量，向第三产业转移的速度缓慢。第二，我国第三产业的就业吸纳能力没有得到充分发挥，阻碍了就业结构的优化和就业增长。与发达国家相比较，我国第三产业的就业比重仍有较大差距，因此也具有吸纳农村剩余劳动力的潜力。我国的就业政策取向应以鼓励第三产业，特别是劳动密集型的服务业发展为主。第三，在诸多我国就业的产业结构影响因素中，技术升级、投资和制度政策等因素没有在就业的产业结构优化过程中充分发挥作用。科技含量高、资金投入大的项目更受到各级地方政府的重视，从而导致某些地区产业结构“虚高度化”，[①] 第二和第三产业的就业吸纳能力有限，从而带来就业结构的不匹配，我国就业与再就业问题得不到有效解决。

从实证数据上来看，就业的产业结构是经济研究领域当中使用广泛的概念，也是国家统计部门公布的主要经济数据之一，但对于就业结构的区域差异问题的研究在整个经济理论中仍然处于边缘的地位，主要原因是现代经济理论当中还没有一个统一的研究框架来确定区域间三次产业就业人口分布结构差异的程度。在国内就业的产业结构研究文献中，研究主要集中在对某一区域就业的产业结构的描述性统计和简单趋势预测上，比较缺乏系统性、理论性，没有真正探讨区域差

① 马晓河. 迈过“中等收入陷阱”的需求结构演变与产业结构调整 [J]. 宏观经济研究，2010（11）：8.

异形成的内在规律；由于中国在劳动力区域间转移方面没有现成权威的统计数据可用，也加深了这个问题的理论和实证难度。

当前国内有关就业的产业结构研究已经取得了一定的成果，但是还存一些不足，完善和丰富这一领域的研究，需要从以下几个方面着手。

第一，深入探讨就业的产业结构的形成机理及其区域差异性。目前我国就业结构与产业结构的相关研究已经形成一个共识：我国就业结构的转换滞后于产业结构，第一产业仍有大量剩余劳动力转移。但是现有文献的视角主要集中在就业结构与失业结构的偏离程度和二者之间的相关性分析上，深入分析现状的形成原因和影响因素的研究还比较少，因此在对一些相关问题上的认识和解决上难以实现突破。例如，就业结构在与产业结构的互动关系中是主因还是结果？一方面，由于劳动需求是产品需求的派生需求，市场需求将推动劳动要素在不同产业之间和不同地区之间流动和配置，显而易见，产业构成决定了劳动力在产业之间的分配。从另一角度来看，新古典经济学的增长模型认为，生产要素包括劳动和资本，短期内假设资本不变，劳动是经济产出的唯一因素，因此，理论上就业的产业结构对于产业结构的转换和升级有决定性的作用。但是在我国的经济现实中，劳动资源相对丰富和资本稀缺的要素构成特点弱化了就业结构对产业结构的决定作用。由此可见，就业结构与产业结构之间的关系复杂而具有不确定性。

第二，重视对影响因素的量化研究。对于现阶段我国就业结构与产业结构非一致性的成因，以及就业的产业结构的影响因素等方面的研究，更多的是采用定性方法来分析，结论往往缺乏针对性和说服力。就业的产业结构转换的影响因素复杂多样，包括内生因素和外生变量，内生变量有劳动力供给结构、劳动生产率、技术进步与创新、产业结构和区域间劳动力转移规模等，外生变量有劳动市场化程度、劳动就业制度和政策、地区禀赋条件及劳动力心理因素等虚拟变量。在系统的理论框架下，通过大量实证数据对各因素的影响程度进行量化研究，可以更准确地把握就业的产业结构演进规律，为政策选择提供更有价值的参考。

第三，引入新的研究方法和分析工具。目前，对于就业的产业结构研究常用的测度指标和分析工具有结构偏离度、相对劳动生产率、就业弹性等。但是这些指标都是侧重某一个方面，具有自身的方法局限性，如表 2—1 所示。这些方法共性的问题首先在于没有综合性的

表 2—1　　我国就业的产业结构研究方法的比较

研究方法	适用的研究内容	局限性
静态分析法	研究各产业的结构特征及其比例关系。将国民经济各产业某一时点的产业结构与就业的产业结构状态作为其研究对象	主要是对于某一时点的描述性统计，无法刻画结构变动之间的内在特征
动态分析法	对产业结构或就业的产业结构的变动轨迹及其各自结构的变化趋势进行分析	虽然反映了就业的产业结构的变化趋势，但是仍然反应不出结构变动之间的关系
效益分析法/比较（相对）劳动生产率	从效益角度较好的考虑了产业结构和就业的产业结构的协调性，反映就业的产业结构与产业结构之间的变动特征，侧重于产业细分层面	无法从整体角度衡量和比较产业结构与就业的产业结构的协调性
偏离度分析	分析劳动力结构与产业结构的对称性或均衡状况	总体结构偏离度无法区分就业的产业结构演变中各产业就业人数此消彼长的方向变化
弹性分析法	说明我国产业结构与就业增长之间的关系，反映产出增长拉动就业增长的程度	仅反映了经济增长对劳动力的吸纳能力，对产业结构和就业的产业结构的协调性研究不深入
协同系数法	刻画产业结构和就业的产业结构之间的协同性，从整体的角度反映二者之间的均衡发展状况	在解决时间序列问题时存在不足，不能及时、准确地反映就业的产业结构的时间特征及变化趋势
回归分析法	通过计量模型对就业的产业结构与影响因素之间的相关性作回归分析，深层次地揭示出影响就业的产业结构变动的内在特征因素	选用何种影响因素和对该影响因素如何表达和选取代表性变量，往往需要根据经验来判断，因此使得因素具有多样性和不可测性

指标来衡量一个国家或地区的就业的产业结构合理化程度，例如相对比较率和就业弹性等指标只能对三次产业分别来进行分析，构建通过一个总指标来分析不同研究区域的就业的产业结构情况，对于制定区域政策具有重要的参考价值和指导意义；其次，不同的研究学者对相关分析工具的概念界定上仍存在歧义，例如产业结构偏离度和结构偏离系数两个概念经常会用来表达同一个数量含义；第三，部分指标之间其实作用接近，例如就业的产业结构偏离系数等于相对劳动生产率与1的差，因此二者所揭示的经济含义相同，相当于是同一个指标。因此，需要结合现代经济学的新思想和先进方法，不断构建新的测度指标和分析工具，有利于我们正确地把握和认识我国不同地区不同阶段的就业产业结构水平，以及就业结构与产业结构的协调性。

第四，构建就业的产业结构区域协调发展评价体系与宏观调控机制。国内学者分别对我国不同省区对就业的产业结构进行了详细研究，取得了丰硕的成果。但在研究过程中，学者们都只是对各地区的个性问题进行论述，不仅缺乏普遍意义，而且不够系统和深入，对于就业的产业结构在不同区域的合理性如何，各区域就业的产业结构应如何进行优化，各区域间如何协调等问题研究较少。现有研究较多侧重于通过某一分析工具来衡量产业结构与就业的产业结构的相互关系，如果能够构建一个综合性的衡量指标体系来反映二者之间的整体协调性，则有助于正确认识和把握我国各阶段及各地区产业结构与就业的产业结构的整体协调状态。增加就业和促进经济增长是研究就业的产业结构研究的基本目的，国内研究大多认同促进第三产业发展是改善就业结构与产业结构失衡问题的主要对策措施。但是，美国在金融危机后却提出以“再工业化”扩大就业渠道，来解决失业率长期居高不下的困境，这意味着发展现代化资本密集型制造业，增加第二产业就业的比重。如何选取适合我国的发展模式值得我们深入思索。

第三节　本章小结

本章主要由两部分内容组成，即就业的产业结构基本概念的界定和国内外对就业的产业结构及区域差异问题研究的文献综述。首先界定了相对劳动生产率、结构偏离度、结构变动的相关性分析、就业弹性等有关概念；然后，从西方国家就业的产业结构的一般理论、西方现代就业的产业结构相关理论、国内理论研究等三个方面对本书的理论基础进行了梳理。可以发现，国外学者对就业的产业结构的研究结论是基于城乡一体化提出的，与我国当前二元化格局及区域差异悬殊的实际不相符。国内关于就业的产业结构研究取得丰硕成果，但对区域差异问题的研究较少，首先表现在大多文献往往局限在对某一地区就业结构与产业结构匹配程度的分析上，而对不同地区之间就业的产业结构的差异性研究不足，其次在分析工具上没有有效地对就业的产业结构区域差异进行总体衡量的指标，三是缺乏对就业的产业结构区域差异形成机制和影响因素的定量分析，就业的产业结构与产业结构整体协调性评价等问题的研究。本书将从区域差异的视角，研究我国就业的产业结构问题，探讨中国区域间就业的产业结构是否是收敛的趋势及敛散性速度、区域差异的形成机理等问题，并且采用泰尔指数、σ 收敛性检验和 β 收敛性检验对我国就业的产业结构的区域差异进行量化分析，填补国内相关研究的空白。

第三章

中国就业的产业结构的总体发展历程与变动趋势

第一节　中国就业的产业结构演进的历程

一、中国就业的产业结构演进的阶段

新中国成立以来，中国就业的产业结构在产业政策、就业体制、宏观经济发展等政治经济因素的影响下具有非常明显的动态性，如图3—1和图3—2所示。

1. 新中国成立到20世纪70年代末

这段时期我国就业的产业结构偏离度有明显的振荡特点。新中国成立后，我国建立了计划经济体制，全力推动以重工业为主导的工业化战略，因而三次产业中以工业为主体的第二产业的比重急剧上升，以农业为主体的第一产业的比重逐年下降，20世纪50年代后半期第二次产业陡增20.1个百分点，第一次产业急降22.9个百分点，而同期的就业的产业结构变动很小，直到1962年第一产业的就业比重仍占82.1%，第二次产业只有8.0%，二者只变动1个百分点左右。我国在改革开放以前，长期施行优先发展重工业的经济赶超战略，产业结构是在行政的强制调控下越过了以轻工业为主导的产业发展阶段，重工业长期呈现高速发展的势头。宏观调控政策适应了计划经济模式，导致了资本形成的计划性和劳动力流动的惰性。于是中国城乡分

割、工农分离，大量的农村剩余劳动力滞留农业生产部门，工业与农业的劳动力供给与需求严重失衡，劳动力的专业结构和数量的变化落后于产业结构的调整和产业资本的更新换代，影响了资本与劳动力的产出效率，制约了国民经济的发展。

2. 20 世纪 80 年代

改革开放以来，我国第一产业就业比重持续下降，第二产业就业比重和第三产业就业比重显著上升（见图 3—1）。1970 年，三次产业的就业比重分别为 79.7%、11.2%和 9.1%；1989 年，三次产业的就业比重变为 60.1%、21.6%和 18.3%。第一产业比重减少 24.7 个百分点，第二产业比重增加 92.9 个百分点，第三产业比重增加 101.1 个百分点。尽管第三产业占总就业人数的比重增加幅度高于第二产业增幅，但相对于第二产业而言，我国第三产业就业人数增长和经济的发展速度仍然比较滞后。

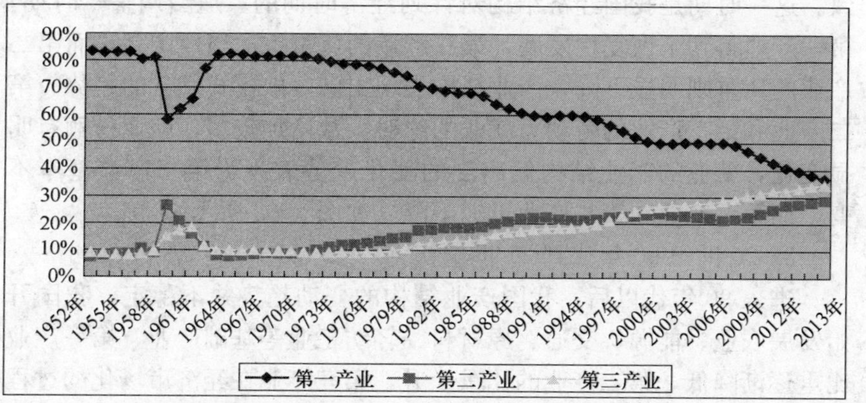

图 3—1　我国三次产业就业人数所占比重（1952—2013 年）

数据来源：①国家统计局．中国统计年鉴 2014［M］．北京：中国统计出版社，2014；②国家统计局国民经济综合统计司．新中国五十年统计资料汇编［M］．北京：中国统计出版社，1999.

改革开放以来，市场机制成为调节资源配置的主要手段。投资者为实现资金的最大化收益，将各种稀缺资源逐渐地向相对收益较高的部门或产业转移，产业结构得到合理调整和优化，越来越多的劳动力也从生产率较低的产业转向生产效率高的产业。随着我国产业结构的调整，就业的产业结构也会发生相应的调整与变化。我国就业的产业结构与产业结构基本保持了一致的变化。1979 年，我国产业结构发展的特点是：重点发展农业，压缩重工业，发展轻工业。在这一时期，我国就业的产业结构以农业就业为主，农业就业人数所占的比重在 70%左右，其他行业就业人数只占了就业总人数的 30%。到 1983 年，我国开始将产业发展重心向能源、交通运输和邮电通讯业等基础产业和第三产业转移，就业的产业结构也因此开始逐渐由农业向工业和服务业倾斜，第一产业劳动力就业份额有所下降，并且呈现明显的阶段性特征。1985 年，我国农林牧渔业劳动力就业份额，从 1978 年的 70.5%降低到 62.42%，其阶段性特征与我国改革开放的进程一致。这一时期是我国经济结构对计划经济时期的“适当调整”时期，第一产业得到了恢复性发展，第三产业的比重也适当地调高，而第二产业的比重则明显下降，产业结构表现出向一般模式靠近的趋势。第二产业和第三产业的劳动力就业的绝对人数增加较多，就业份额有明显变化，就业的产业结构偏离度的变化趋势表现为第三产业基本不变，而第一产业和第二产业迅速下降（如图 3—2 所示）。

3. 20 世纪 90 年代到 21 世纪初

进入 90 年代以后，我国产业结构的变动趋势并不稳定，我国开始发展农业、能源、交通、原材料、轻纺工业等基础产业，第一产业比重逐渐降低，第二产业的比重上升，第三产业在经济市场化的过程中比重有所提升。我国产业的发展促进了相关产业就业的发展。到了 90 年代末期，我国进行产业结构升级。传统产业逐渐下降，工业先降后升，电子、汽车等新兴产业增长很快，第三产业迅速发展，商业、交通运输业、通讯业、教育科学文化等产业取得了较大的发展。1997 年亚洲金融危机以后，我国经济进入了一个低谷，第二产业的比重也随之下调，第三产业的比重得到了提升。到 2000 年，农业和

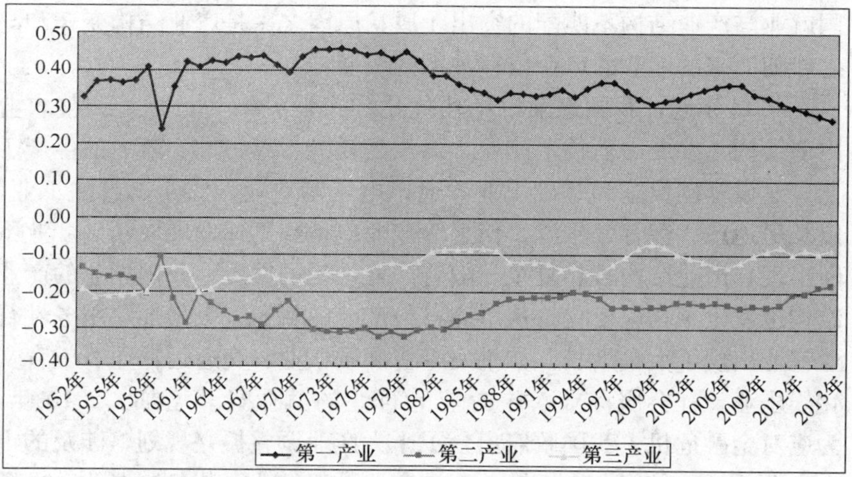

图 3—2 我国就业的产业结构偏离度（1952—2013 年）

数据来源：①国家统计局．中国统计年鉴 2014［M］．北京：中国统计出版社，2014；②国家统计局国民经济综合统计司．新中国五十年统计资料汇编［M］．北京：中国统计出版社，1999.

工业的产值比例已变化为 15.1∶45.2，产值结构渐趋合理，而我国相对应的就业的产业结构为 50.1∶22.5，差距依然很大。多年来，我国只有第三产业的产值比变化与就业比变化是基本协调的，但是按国际标准模式衡量，我国第三产业的增长速度仍然落后。

4. 21 世纪以来

随着产业结构的升级，我国就业的产业结构也发生了较为深刻的变化，到 2013 年，农业就业比重下降到 31.4%，而工业就业比重和服务业就业比重分别上升到 30.1%和 38.5%。服务性行业就业总人数从 1978 年的 4 890 万人增加到 2013 年的 29 636 万人，增加了 6.06 倍。随着第一产业的剩余劳动力不断向第二产业和第三产业转移，促进了工业发展和经济增长。但是我国产业资本结构和技术水平的迅速变迁和我国专业教育相对滞后，导致我国产业资本与现有劳动力严重失配，造成产业工人大量下岗，新生专业劳动力就业困难。我国就业与产业结构不匹配的突出矛盾，原因之一是产业结构变迁和与之伴随而来的就业的产业依存关系的改变。

2002年起，我国逐渐以结构优化和产业升级为目标，调整农业内部结构，发展高新技术产业，淘汰高耗能、高污染、落后的生产工艺，建设基础设施和基础工业，通讯电子制造业、汽车、石油工业，以及房地产、教育、旅游、信息等产业也得到迅速发展，新兴产业不断出现，产业结构日趋复杂。随着产业结构的发展，我国就业的产业结构也发生了相应变化，从事高科技产业的就业人数增加，服务性行业就业出现了大幅增长，如批发零售和餐饮业、交通运输业、教育文化娱乐业、社会服务业、旅游业等行业的就业显著增加。2010年，为应对金融危机，我国政府出台了十大产业调整振兴规划，涉及的十大产业包括：纺织业、钢铁业、汽车业、船舶业、装备制造业、电子信息产业、轻工业、石化产业、物流业、有色金属业，就业的产业结构也有了相应的变化。

二、就业的产业结构演进进程的特征

我国就业的产业结构的演变与世界各国产业结构演变规律基本一致。从三次产业来看，我国的就业的产业结构逐渐由第一产业向第二产业和第三产业倾斜，由“一二三”的格局向“一三二”转变，再演变为“三二一”格局的趋势。经济增长对我国三次产业就业比重增长和就业增长率的影响存在差异。三次产业对就业的弹性，第三产业最大，其次是第二产业，第一产业最小。我国三次产业结构的总偏离度呈下降趋势，第三产业的产业偏离度最小。从产业结构内部的就业情况来看，我国按行业的就业的产业结构分布逐渐趋于稳定。就业比重最高的是农林牧渔业，排在第二的是制造业，服务性行业的就业比重增长很快。

改革开放三十多年来，第二产业劳动就业份额从1978年的17.3%上升到2013年的30.1%。第三产业劳动力就业人数迅猛增长，就业份额从1978年的12.2%大幅增加到2013年的38.5%，但与国际平均水平相比仍有较大差距。通过对产业结构和就业的产业结构变动的观察分析，我国的产业结构和就业的产业结构仍然有很大的调整空间，二者之间的协调性有了很大的改善，但不一致性的程度仍然较明显。因此我国产业结构和就业的产业结构的不协调关系从总体上未得到根本改变。随着我国改革开放的不断深入，产业结构和就业的产业结构调整还远未完成，总体的结构性冲击依然存在。

我国就业的产业结构的演进历程表现出明显的多样性、不确定性和路径依赖性。首先是就业者、企业、经济部门在行为表现上的多样性，企业总是按照符合现状的政策经营和进行要素选择，对政策的赢利可能性把握也不同。多样性是国际标准模式无法解释我国就业的产业结构的原因之一，由于演进经济模型考虑了多样性，才能够提供一个解释结构演变现象的更为精致的微观机制。其次，就业的产业结构的变化和系统中的变量既通过系统的筛选机制呈现出一定的规律性，又具有一定的随机性和扰动现象，这使传统经济学试图在一个给定的包括一切可供选择办法的集合中寻求一种全盘的、一劳永逸的长期最优化难以实现。第三，由于就业的产业结构随产业结构调整的滞后性和经济发展在既定方向上的惯性，就业的产业结构的演变路径呈现前后连贯和相互依赖的特点，这一变迁路径可能沿着良性循环轨迹发展，也可能向非绩效方向发展，甚至"闭锁"在某种无效率状态。我国经济发展与国外发展阶段不同，而时间的一维性使发展路径具有不可逆性，[①] 所以，简单地与国外就业的产业结构演变的标准模式类比，无法真正诠释我国就业的产业结构演变与经济发展的关系。

三、与发达国家的比较分析

与发达国家相比，我国的经济发展和就业的产业结构还存在差距。因此，研究发达国家就业的产业结构的发展模式和演变规律有一定的借鉴意义，可以为我国未来的发展提供参考。从就业的产业结构的演变来看，发达国家就业的产业结构演变可以分为两类，一类是就业的产业结构由第一产业先向第二产业再向第三产业转移，表现为第

---

① 盛昭翰，蒋德鹏. 演化经济学 [M]. 上海：上海三联书店，2002：31.

一产业就业比重不断下降，第二产业就业比重先上升后逐渐下降，第三产业就业比重持续上升，如以英国为代表的早期工业化国家；另一类是就业的产业结构直接由第一产业向第三产业转移，如以日本为代表的新兴工业化国家。

1. 三次产业就业比重方面的比较

从就业的产业结构来看，世界各国就业比重在三次产业中的变化都表现出一致性，即第一产业就业比重下降，第三产业就业比重上升，而第二产业则呈现高收入国家先升后降和中低收入国家逐渐上升的状态。总体来看，高收入国家第一产业和第二产业的就业向第三产业转移，中等收入国家第一产业就业向第二和第三产业转移，低收入国家第一产业就业比重虽逐渐减小但仍是就业的主要部门，第二产业和第三产业就业比重上升。不同收入水平的国家在就业的产业结构上存在差异。国外发达国家均以第三产业就业为主，就业在三次产业的分布表现出“三二一”的格局，我国部分地区的就业的产业结构正在向这一方向发展，而相当一部分地区的就业的产业结构大多仍然以第一产业为主（见表 3—1）。

表 3—1　　发达国家三次产业就业比重变化　　（%）

	第一产业		第二产业		第三产业	
	2000 年	2012 年	2000 年	2012 年	2000 年	2012 年
美国	2.6	1.6①	22.9	16.7①	74.5	81.2①
日本	5.1	3.7①	31.2	25.3①	63.1	69.4①
法国	1.3	2.9	24.7	21.7	74	74.9
德国	2.8	1.5	34.5	28.2	62.6	70.2

注：①表示 2010 年数据。

数据来源：①国家统计局. 中国统计年鉴 2002、2014 [M]. 北京：中国统计出版社，2002、2014.

发达国家就业的产业结构都经历了一个动态发展的过程。20 世纪以前，美国一直以农业为主，一半以上的劳动力在农场工作，并且在西进运动和大陆扩张的过程中，逐步形成了北部资本主义工业和南部种植园奴隶制农业的经济制度和就业的产业结构。19 世纪末，随着以电力革命和内燃机革命为标志的科学技术革命的发展，美国完成了近代工业化的进程，同时农业机械化使农业劳动力急剧下降。20 世纪 40 年代到 60 年代，美国开始向后工业社会和信息社会转化。随着信息化的发展，美国就业的产业结构中从事农业、制造业的就业人数所占的比重越来越小，新兴服务业的就业比重不断提高。表 3—2 显示，美国第一产业就业比重不断下降，第二产业就业比重先上升后下降（1960 年左右出现拐点），第三产业的比重上升且增长最为迅速。从就业的产业结构的分布来看，从 1900—1920 年，美国的就业格局发生了巨大变化，1900 年，美国就业的产业结构分布为“一三二”的格局，到 1910 年变为“三一二”，1920 年变为“三二一”的分布格局（见表 3—2）。

表 3—2　　美国三次产业就业比重变化　　（%）

年份	1900	1910	1920	1930	1940	1950	1960	1970	1980	1990	2010
第一产业	39.6	33.1	28.8	22.6	18.5	12.8	8.2	4.4	3.4	2.7	1.6
第二产业	22.4	28.7	31.7	30.3	31.2	33.4	34.5	33.1	29.3	24.3	20.6
第三产业	38.0	38.2	39.5	47.2	50.3	53.9	57.3	62.5	67.3	73.0	77.8

数据来源：①王述英．新工业化与产业结构跨越式升级［M］．北京：中国财政经济出版社，2005：127；②国际劳工组织．国际劳动统计年鉴（2011）．

英国也有相似的发展路径，18 世纪中期以前绝大部分人口从事农业生产活动。圈地运动以后农民不得不向城市转移，工业革命的兴起使社会劳动生产率飞速发展，并对就业的产业结构产生了深刻影响，19 世纪 40 年代前后，英国纺织、煤炭、钢铁、造船等工业迅速发展。19 世纪中后期，由于工业布局陈旧，新兴产业发展缓慢，国内投资不足，技术进步较慢，政府经济政策不力等原因，英国传统产业发展滞后，严重阻碍了新兴产业的发展，就业的产业结构处在较低的发展水平，传统部门的劳动力就业规模始终较大。1950—1978 年战后三十年间，英国农业就业比重不断下降；制造业就业比重从1952年的39.01%下降到1978年的30.15%；交通运输业就业略有下降；建筑业就业基本无变动；金融业就业迅速增加，金融业就业人数增加了6倍；物质生产部门的就业人数下降，从占就业人数的三分之二下降到二分之一。①

1868年“明治维新”运动之后，日本的工业取得了巨大发展，政府大力引进西方先进技术，积极发展交通运输、煤矿、棉纺、机械制造、铁路、造船、电气等近代工业，工业就业人数和就业比重不断提高。日本战后复兴开始于1950年，当时就业人口为4 000万人，从事第一产业的人口为1 500万人。随着经济高速发展，从事第二产业和第三产业的人口日益增加，从事第一产业的人口逐渐减少，1964年日本从事制造业的人口首次超过从事农林业人口。从1985—2008年，日本农业就业人数从543万人减少到245万人。在第一产业和第二产业就业人口逐渐减少的过程中，支撑日本国内就业的是第三产业，2008年，日本第三产业就业人口达4 369万人，是当年制造业人口的3.72倍。②

2. 就业的行业结构方面的比较

从就业的行业结构来看，各国行业的发展对就业的行业结构产生相应影响，发展较快的行业其就业也增加较快。科学技术的进步推动了产业结构的升级，促进了就业的产业结构的演变和发展。科技革命促使发达国家就业的行业结构发生了变化，主要体现在两个方面。

(1) 传统部门的技术水平得到了更新和提高，对劳动力的需求减少，使传统部门的就业比重下降。例如，20世纪50年代中期，德国纺织工业就业人数为64万，到1977年，生产率的提高使纺织工业所能提供的岗位缩减了一半，纺织业就业人数下降为30万左右。而日本随着经济飞速发展，制造业和土木工程业成为最大的就业领域。日

① 数据来源：国际劳工组织网站. http://laborsta.ilo.org/STP/guest.

② 数据来源：国际劳工组织. 劳工统计年鉴2010 [Z].

本从事制造业的人口的峰值是1992年的1 569万人，后来由于经济泡沫破裂和日元升值造成日本工厂转移到海外，制造业人口大幅减少，到2009年仅为峰值的2/3左右。日本的土木工程业在经济高速增长期容纳了庞大的就业人口，在经济泡沫破裂、制造业就业人口减少的过程中，劳动力从制造业、农林业向土木工程业转移，峰值为1997年685万人，随着经济结构的转变，土木工程从业人口开始减少，2009年的行业就业人数比1997年减少20%以上。①

(2) 科技进步带动了新兴产业的发展，使新兴部门就业比重上升。日本的产业结构经历了"劳动密集型——资本密集型，技术密集型——知识密集型"的发展阶段，就业的产业结构也随之发生变化。20世纪60年代末，资本密集型产品出口比例有大幅度的提升，出口结构的比较优势也迅速从劳动密集型产业转移到知识密集型产业，从钢铁、电力、铁路、活动、煤炭、化肥等在内的基础工业到电气机械、家用电器、精密机械、汽车制造等以加工装配工业为主的技术密集型产业，20世纪80年代以来，日本进入以信息产业为核心的知识密集型产业阶段。从1980—1998年，日本信息产业的就业人数从263万人增加到383万人，年均增长率为2.1%。②

3. 三次产业发展的变化关系方面的比较

在第二产业和第三产业发展的变化关系方面，国内外发展过程存在差异。有三种情况：第二产业就业比重和产业比重将超过第三产业；第二产业就业比重和产业比重低于第三产业就业比重和产业比重；第三产业就业比重高于第二产业，但第二、第三产业产值比重发展水平基本相同。发达国家第二产业和第三产业的就业比重和产业比重都上升，只是上升的幅度有所不同。而我国人均GDP从1978年的241美元到2011年的5 432美元，第二产业的产值比重高于第三产业，而就业比重则低于第三产业。按照发达国家的发展经验来看，三

① 数据来源：何德功. 日本就业结构变化的启示［N］. 经济参考报，2011-01-14.

② 数据来源：国际劳动组织网站. http：//laborsta. ilo. org/STP/guest.

次产业的就业比重从高到低的顺序依次是第一产业、第二产业和第三产业。与发达国家相比较，目前中国第二产业的就业比重与美国、英国、日本等发达国家比较接近，而差距集中体现在第一产业和第三产业的就业比重上。因此，中国第一产业仍有大量的劳动力需要向第三产业转移。

4. 在就业的产业结构变化速度方面的比较

我国就业的产业结构变化速度慢于国外就业的产业结构变化。从2000—2012年，美国人均GDP从36 467美元增长到51 755美元，第一产业就业比重下降38.5个百分点，第二产业就业比重增加27.1个百分点，第三产业就业比重增加9.0个百分点，三次产业单位人均GDP的就业比重弹性分别为0.916、0.645和0.214。而我国2012年三次产业的就业比重分别为33.6%、30.3%和36.1%，三次产业单位人均GDP引起的就业变化分别为0.061、0.064和0.058，均远远低于国外的就业变化速度。因此，发达国家就业的产业结构的发展速度相对较快，就业的产业结构的发展水平相对较高。

5. 相对劳动生产率方面的比较

与国外三次产业的相对劳动生产率相比较，我国第一产业偏低而第二产业偏高。国外第一产业相对劳动生产率表现出增长的趋势，而我国第一产业相对劳动生产率则明显下降，且下降速度快于国外。农业劳动生产率的提高使各国农业就业人数大幅下降，1960年日本农林渔业就业比重为45.3%，1970年为17.4%，到1996年则下降为5.5%；德国农业就业比重从1960年的13.9%下降到7.3%。此外，科技革命也促进了新兴行业的发展，带来了新兴行业就业比重的提高。1978年，德国电子计算机工业吸收的就业人数达到31.6万人，占工业就业总数的4.2%。国外第二产业和第三产业的相对劳动生产率都发生了持续下降，而我国则下降不明显，其中第二产业相对劳动生产率一直偏高。

四、与发展中国家的比较分析

与大多数发展中国家相比，中国就业的产业结构具有两个特点：

1. 我国仍然处于第一产业比重较高和第三产业比重较低的水平。

从表3—3中可以看出，在15个发展中国家中，2012年第一产业就业人数比重较高的国家有巴基斯坦（45.1%）、泰国（39.6%）、印度尼西亚（35.1%）、蒙古（32.6%），中国第一产业的就业比重也达到38.1%，与这些国家不分伯仲。因此，虽然改革开放以来，随着中国经济的迅速增长，已有大规模农村剩余劳动力向第二产业和第三产业转移，第一产业就业人数高的就业结构特点依然没有得到根本性改变，农业劳动生产率依然处于较为落后的水平。与此同时，2012年中国与其他14个发展中国家相比较，第三产业的就业人数在总就

表3—3　　发展中国家按三次产业分就业人员构成　　（%）

国家和地区	第一产业			第二产业			第三产业		
	2005年	2012年	变化率	2005年	2012年	变化率	2005年	2012年	变化率
中　国	44.8	33.6	−25.00	23.8	30.3	27.31	31.4	36.1	14.97
印度尼西亚	44.0	35.1	−20.23	18.7	21.7	16.04	37.2	43.2	16.13
巴基斯坦	43.0	45.1	4.88	20.3	20.7	1.97	36.6	32.1	−12.30
泰　国	42.6	39.6	−7.04	20.2	20.9	3.47	37.1	39.4	6.20
蒙　古	39.9	32.6	−18.30	16.8	17.3	2.98	43.3	49.6	14.55
菲律宾	36.0	32.2	−10.56	15.6	15.4	−1.28	48.5	52.5	8.25
埃　及	30.9	29.2	−5.50	21.5	23.5	9.30	47.5	47.1	−0.84
斯里兰卡	30.7	39.4	28.34	25.6	17.7	−30.86	38.4	41.5	8.07
土耳其	29.5	23.6	−20.00	24.8	26.0	4.84	45.8	50.4	10.04
伊　朗	24.7	21.2	−14.17	30.3	32.2	6.27	44.8	46.5	3.79
巴　西	20.5	15.3	−25.37	21.4	21.9	2.34	57.9	62.7	8.29
墨西哥	14.9	13.4	−10.07	25.5	24.1	−5.49	59.0	61.9	4.92
马来西亚	14.6	12.6	−13.70	29.7	28.4	−4.38	55.6	59.0	6.12
阿根廷	1.1	0.6	−45.45	23.5	23.4	−0.43	75.1	75.3	0.27
南　非	7.5	4.6	−38.67	25.6	24.3	−5.08	66.6	62.7	−5.86

资料来源：国家统计局．中国统计年鉴2014［M］．北京：中国统计出版社，2014.

业人数中所占比重居最后一位，其中第三产业就业比重较高的发展中国家有阿根廷（75.3%）、南非（62.7%）、巴西（62.7%）、墨西哥（61.9%）和马来西亚（59.0%）。这意味着我国第三产业的发展依然滞后于许多国家，使得大量的农村富余劳动力不能顺利地转移到城市就业以及为城市劳动力创造更多的就业岗位。因此，我国第三产业劳动就业吸纳能力具有继续大幅提高的空间，将比第一产业及第二产业吸纳更多的就业人口。

2. 就业的产业结构优化速度加快。

虽然我国就业的产业结构与大多数发展中国家比较也处于相对落后的地位，但是从表 3—3 中可以看出我国第一产业的就业人数正在迅速下降，与 2005 年相比较，中国 2012 年第一产业的就业比重下降了 25.00%，大量的农村剩余劳动力在城市建筑业、服务业等行业找到了就业岗位。而我国第三产业的就业比重在 15 个发展中国家中上升居第二位，增长率为 14.97%。

第二节　三次产业就业量生成过程中的结构突变

发展中国家在经济上实现对发达国家的赶超过程，往往伴随着经济结构的突变。赶超是一个以不平衡的跳跃式发展为特征的超常规经济增长模式和过程，表现为经济超常规的增长速度、跨越式的产业结构转换和高级化，经济赶超（catch up）的过程实际上就是一个产业结构变迁的“蛙跳”过程，同时也可能衍生就业的产业结构的突变。改革开放以来，中国经济的发展在不同阶段具有差异较大的发展特征，基于经济的发展状况对就业量有较大影响，本书认为从改革开放至今，就业量的数据生成过程存在突变性，故利用结构突变理论对其进行分析，并进一步运用协整理论，分析中国产业结构与就业的产业结构的关系。在不考虑结构变化下的趋势平稳和差分平稳的分析基础上，研究结构变化情况下的趋势平稳和差分平稳，并且应用于我国就业的产业结构的实证分析中，根据检验结果和检验方法来总结就业的产业结构演进的机理。

一、结构突变及变结构协整

突变和收敛是辩证统一的关系。收敛是突变以后就出现一个新的个体起点，而当我们每次看到突变时，都会出现一个实体结构上的收敛。结构变化问题早在 1960 年被 G. C. Chow 提出，认为发生结构变化的充分条件是由分段回归而构造的 F 统计量超过了给定的临界值，该临界点被称为结构突变点，结构突变问题的研究核心是结构突变点，随着单位根和协整理论的发展，结构突变问题成为宏观计量学的前沿领域。经典单位根理论不考虑经济变量的数据生成过程（DGP）的结构变化。然而，由于外生事件如金融危机、经济条件或经济政策等的冲击，经济变量的DGP往往会发生结构突变。Nelson 和 Plosser（1982）在 *The great crash, the oil-price shock, and the unit-root hypothesis* 一文中检验结论表明，美国宏观经济的 14 个变量（如名义和实际 GNP，就业和失业，消费等）中，有 13 个（除失业以外）为单位根过程，而 Perron（1989）对相同的数据运用结构变化的单位根检验，指出其结论中 13 个单位根变量有 10 个应为结构突变的时间趋势稳定过程，与 Nelson 和 Plosser 的结论大部分相悖，Perron 基于此提出了单位根检验中存在结构突变的问题，并由此引出了结构突变的协整问题。随后 Montanes 和 Reys（1998，1999）和 Zivot 和 Andrew（1992）对该理论进行了发展，提出假设结构突变点未知来处理结构变化的数据生成过程和允许内生决策性变量发生结构突变。[①] 由于结构突变可能会引起协整模型单位根的漂移，因此考虑结构突变的协整检验将会准确度更高。

（一）结构突变的单位根过程与趋势稳定

结构突变问题大致可以分为有关单位根的结构突变问题和协整向量的结构突变问题。结构突变可能导致传统的单位根检验失效，

① 王少平．宏观计量的若干前沿理论与应用［M］．天津：南开大学出版社，2003：132.

在协整理论中，单位根的漂移会影响协整检验的准确性。因此，由于经济变量存在结构突变的可能性，意味着变量之间的长期稳定关系也可能发生变动，协整方法论中许多具有代表性的检验可能失去原有的功效，结构突变理论能较好地解决结构变动的内在机理问题研究。

1. 单位根检验

外生结构突变点是在明确理论前提，或者在数具有明显结构突变的情形下得以确定。但是当数据的结构突变不明显，或者理论基础不足以确定结构突变点时，这种方法就可能失效。因此，Zivot 和 Andrews（1992），Banerjee 等（1992）和 Perron（1997）又重新研究了结构突变点未知时的单位根检验。而结构点未知时的检验包括两个方面：确定结构突变点和检验结构变化的单位根。很多经济数据都是单位根过程，有时由于一些剧烈的外生冲击，例如政策变化，体制的变化，还有一些自然条件的变化等，引起经济数据的生成过程可能出现结构突变。

对于一个时间序列研究的第一步是检验其平稳性，如果时间序列存在单位根则是非平稳变量，平稳性反映了时间序列对当前冲击的动态长期响应，截面数据的样本量较小使得单位根检验的准确度较小，而面板数据由于能提供更丰富的信息而抽取了模型中的随机成分，单位根检验技术的发展促使其广泛运用于时间序列计量经济学的实证研究中。单序列的样本不足会降低 ADF 检验和 PP 检验的检验势和检验水平，可以通过基于面板数据的 LL 检验得到较好解决，使单位根检验适用范围更广（Levin&Lin，2002）。[①] IPS 检验进一步放松了备择假设的条件，允许样本间的个性差异，[②] Fisher 方法适用于非平衡

① Levin A.，Lin C. F.，Chu C. S. Unit root tests in panel data：Asymp-totic and finite sample properties [J]. Journal of Econometrics. 2002，108（1）：1-24.

② Im K. S.，Pesaran M. H.，Shin Y. Testing for unit roots in heteroge-neous panels [J]. Journal of Econometrics. 2003，115（1）：53-74

面板数据的检验。[①] 但是单位根检验的精度提高并不能避免模型构建偏差与带来的错误结论，如果不考虑结构的变化，平稳变量也可能被检验出具有单位根。

描述非平稳经济时间序列有两种方法，包含确定性时间趋势和单位根过程。对某些数据，它可以通过退化趋势而获得稳定，也就是说如果 Y_t（$t=1, 2, \cdots, T$）对常数和时间趋势回归的残差为稳定过程，称为趋势稳定过程，即：

$$y_t = \alpha + \beta t + e_t \qquad 式（3—1）$$

若 $e_t \sim I(0)$，即 e_t 是平稳的，称 y_t 为趋势稳定过程（TSP）。

单位根最显著的特征是其一阶差分为稳定过程，即单位根过程可以通过差分而达到稳定［$y_t \sim I(1)$，$\Delta y_t \sim I(0)$］，称为差分稳定过程（DSP）。数据生成过程是指对于一组经济变量（如 GNP）的观测数据（样本），可能由何种随机过程所生成，进而具有差分稳定还是退化趋势稳定等特征，其稳定性不同于时间序列的稳定性。这种稳定并不是指时间序列本身是一个稳定的过程，而是指数据生成过程（DGP）没有发生改变，也没有发生显著的结构变化。TSP 数据图形围绕时间趋势波动，并且随着时间的变化增加或减少，而 DSP 数据随时间增减的特征显著性要弱于 TSP 数据。经济变量是否稳定是研究其动态特征以及数量关系的前提，正确判断经济变量的数据生成过程在理论研究和实际应用中都有着重要意义。

2. 外生结构突变的趋势稳定

结构突变的单位根检验有外生结构突变点的检验和内生结构突变点的检验两种。外生结构突变指假定趋势方程发生结构突变的时间为一个已知的时点，内生结构突变指结构突变点为待估随机变量，而结构突变点的最终确定依赖于样本数据与统计手段。对结构突变的单位

① Maddala G. S.，Wu S. A comparative study of unit root tests with panel data and a new simple approach［J］. Oxford Bulletin of Eco-nomics and Statistics. 1999，61（4）：631-652.

根过程的检验，在实证中，若结构突变点已知，则在分析数据生成过程是否具有结构突变时，假设已知发生结构突变的时间点为 T_B，直接在突变点设置虚拟变量，用以下三种结构突变模型进行检验：截距突变、斜率突变及截距斜率双突变。[①]

（1）截距结构突变模型：

$$y_t = \mu_0 + \delta t + \mu_1 D_t + e_t \quad (t \geqslant T_B\text{时，}D_t = 1\text{，其他情况下 }D_t = 0)$$

式（3—2）

其中 D_t 为虚拟变量。数据生成过程（DGP）在 $t \geqslant T_B$ 时，截距由 μ_0 突变到 $\mu_0 + \mu_1$。当 $e_t \sim I$（1）时，称 y_t 为结构突变的单位根过程；当 $e_t \sim I$（0）时，称 y_t 为结构突变的趋势稳定。式（3—2）也称为崩溃模型，因为结构变化之后，y_t 的均值轨迹不再返回结构变化之前的均值轨迹。

（2）斜率（时间趋势系数）结构突变模型（截距不变）：

$$y_t = \mu_0 + \delta_0 t + \delta_1 D_t t + e_t \quad (t \geqslant T_B\text{时，}D_t t = t - T_B\text{，其他情况下 }D_t t = 0)$$

式（3—3）

当 $e_t \sim I$（1）时，称 y_t 为结构突变的单位根过程；当 $e_t \sim I$（0）时，称 y_t 为结构突变的趋势稳定。由于斜率反映增长率，因此模型（3—3）也称为增长率模型。

（3）截距斜率双结构突变模型：

$y_t = \mu_0 + \delta_0 t + \delta_1 D_t t + \mu_1 Dt + e_t$（$t \geqslant \mathrm{T_B}$ 时，$D_t t = t - T_B$，其他情况下 $D_t t = 0$）　　式（3—4）

当 $e_t \sim I$（1）时，称 y_t 为结构突变的单位根过程，当 $e_t \sim I$（0）时，称 y_t 为结构突变的趋势稳定。

这三个模型可以写成统一的形式为 $y_t = DT_t + e_t$，则有：$e_t \sim I$（1）时，y_t 具有结构突变的单位根；$e_t \sim I$（0）时，y_t 为结构突变的趋势稳定。从而检验的原假设和备选假设，分别为：

① 王少平．宏观计量的若干前沿理论与应用［M］．天津：南开大学出版社，2003：133-136.

$H_0: e_t \sim I(1)$；$H_1: e_t \sim I(0)$

3. 内生结构突变的趋势稳定

外生结构突变模型需要先假定结构突变点 T_B 先验设定的检验，主观性和经验性较强，并且仅适合在数据的结构变化特征比较突出时使用，当数据结构变化不显著时，检验可能失效。而内生结构突变检验把可以很好地避免主观性错误，具有很高的检验势。因此，运用突变点未知时单位根检验的方法会得到更好的效果。在不知道突变点位置的情况下，可以通过退势法来检验出突变点。内生结构突变的趋势稳定检验有三种方法：递归检验、滚动检验和循环检验。递归检验是从原样本中选取第一个子样本，再向后逐年扩大子样本范围，对每一个子样本进行含有截距和趋势项的 ADF 检验，如果 ADF 值小于临界值，则说明该序列是带结构突变的趋势平稳过程；滚动检验与递归检验类似，是选取若干时间跨度范围相同的子样本，对每一个子样本进行含有截距和趋势项的 ADF 检验，从 ADF 值序列中选择最小值同相应的临界值时行比较；循序检验是检验范围中秩序用虚拟变量改变假想结构突变发生的年份，检验期间发生突变的可能性。

（二）变结构协整

协整是指经济系统中多个变量之间长期稳定的关系，因此多个非平稳经济变量在某种线性组合后可能生成一个平稳序列。协整变量之间的长期稳定关系可能由于政策的不连续性、金融危机、自然灾害、能源价格的变化等结构变化因素的影响而变成非稳定关系，其检验可以较好地解释经济系统中的外生变量影响所产生的冲击效应。

1. 变结构协整关系的类型

根据协整关系变化的不同情况，变结构协整包括参数变结构协整、部分协整和机理变化型协整三种类型。

设 m 维时间序列 $X_t = (x_{1t}, x_{2t} \cdots, x_{mt})^T$，$t \in F$，$F$ 为时序集合，若存在子集 $T_1 \subset F$，$T_2 \subset F$，$T_1 \cap T_2 = \Phi$，$T_1 \cup T_2 = F$，$\alpha_1 \in$

R^m，$\alpha_2 \in R^m$，$\alpha_1 \neq \alpha_2$，其中 Φ 为空集，则：

(1) 当 $Z_t = \alpha_1{}^T X_{t1} \sim I(0)$，$t_1 \in T_1$；$Z_t = \alpha_2{}^T X_{t2} \sim I(0)$，$t_2 \in T_2$成立时，称时间序列 X_t 是参数变结构协整，即在某一时点上协整参数发生了突变，而时间序列的协整关系依然存在。

(2) 当 $Z_t = \alpha_1{}^T X_{t1} \sim I(0)$，$t_1 \in T_1$；$Z_t = \alpha_2{}^T X_{t2} \sim I(1)$，$t_2 \in T_2$或者 $Z_t = \alpha_1{}^T X_{t1} \sim I(1)$，$t_1 \in T_1$；$Z_t = \alpha_2{}^T X_{t2} \sim I(0)$，$t_2 \in T_2$成立时，称时间序列 X_t 是部分协整，即时间序列在某点以前或以后存在协整关系，而另外一部分时序集合里协整关系不存在。

(3) 当 $Z_t = \alpha_1{}^T X_{t1} \sim I(1)$，$t_1 \in T_1$；$Z_t = \alpha_2{}^T X_{t2} + \phi^T Y_t \sim I(0)$，$t_2 \in T_2$成立时，其中 $Y_t = (x_{1t}, x_{2t} \cdots, x_{st})^T$，$\phi \in R^S$，此时称时间序列 X_t是机理变化型协整，即时间序列原有的协整关系可能由于新的变量进入系统而形成新的协整关系。

2. 协突变模型分类

经济过程中的协突变是指经济过程之间存在相同的突变关系，若协整变量可以消除因突变而产生的影响，则经济变量之间存在协突变关系。协突变模型实质上是考虑协整向量的时变性，模拟一个结构断裂的过程。为了反映经济结构中的异常变化，一般在协突变模型中引入虚拟变量 D_t，当 $t > T_B$，时 $D_t = 1$；当 $t \leqslant T_B$时，$D_t = 0$。其中，T_B为结构突变点。协突变模型常常表现为三种类型的结构变化：

(1) 截距项突变引起的结构变化，模型构建为：

$X_{1t} = \mu_1 + \mu_2 D_t + \alpha' X_{2t} + \varepsilon_t$，$t = 1, 2, \cdots, T$；

(2) 含时间趋势的截距项突变导致的结构变化，模型构建为：

$X_{1t} = \mu_1 + \mu_2 D_t + \beta_t + \alpha' X_{2t} + \varepsilon_t$，$t = 1, 2, \cdots, T$；

(3) 斜率项和截距项突变产生的结构变化，模型构建为：

$X_{1t} = \mu_1 + \mu_2 D_t + \beta_t + \alpha_1' X_{2t} + \alpha'_2 X_{2t} D_t + \varepsilon_t$，$t = 1, 2, \cdots, T$。

二、我国就业的产业结构数据生成过程与结构突变检验

（一）变量的选择、样本区间和数据处理

本书选取的样本为 1952—2010 年按产业划分就业人员数据，数

据来源于相关年份的《中国统计年鉴》，时间序列数据处理通过Eviews7.2进行分析。为了探讨中国就业的产业结构的动态特征，本书选取了真实人均GDP和三次产业就业的总结构偏离度等经济发展指标进行验证，同时考虑到人均经济变量中要使用人口总数进行平减，故本书也将全国总人口纳入验证的指标范围内。各宏观变量数据分别来源于《新中国五十年统计资料汇编》、2000—2010年各年《中国统计年鉴》。其中，各序列的时间跨度均为1952—2010年。为减少或消除异方差性的影响，人均GDP的变量数据都进行了对数处理，相关序列取自然对数，对数处理后的人均GDP用LNG表示。1978—2010年的实际GDP即名义GDP乘以该年1978年为基期的GDP指数后的结果，1952—1977年的实际GDP根据《新中国五十年统计资料汇编》中各年的以1952年为基期的GDP指数换算而得。实际人均GDP是实际GDP与年底人口总数之比。就业数据源于全国就业人员，这一总量反映了一定时期内全部劳动力资源的实际利用情况，三次产业就业的总结构偏离度用*SD*表示，数据如图3—3表示。

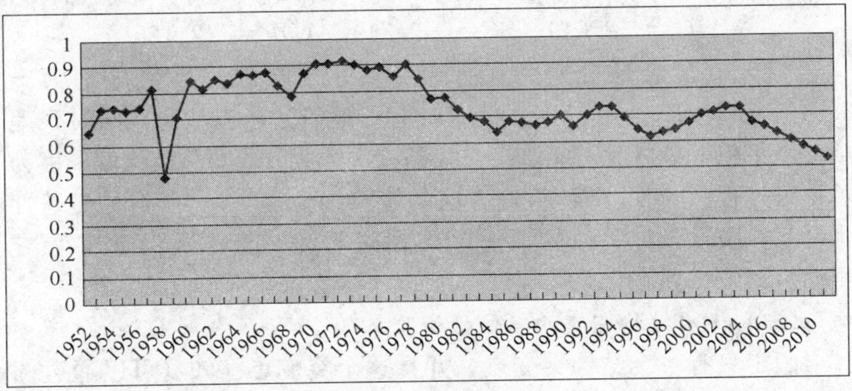

图3—3 就业的产业结构的总结构偏离度（1952—2010年）

（二）不考虑结构突变的单位根检验

数据生成过程的稳定性不同于时间序列的稳定性。这种稳定并不是指时间序列本身是一个稳定的过程，而是指数据生成过程（DGP）没有发生改变，也没有发生显著的结构变化。经济变量是否稳定是研究其动态特征以及数量关系的前提，正确判断经济变量的数据生成过程在理论研究和实际应用中都有着重要意义。在进行含有结构突变的单位根检验之前，必须首先验证宏观经济总量在整体样本区间上不含结构突变点时的平稳性，检验其在没有结构变化的状态下是否具有单位根。

因此，分析单序列单位根检验，检验三次产业就业的总结构偏离度是否具有趋势稳定的特征。在 Eviews 7.2 中，对变量退化趋势，并对退化趋势后的数据进行有截距的 *ADF* 检验，滞后阶数依据 SIC 准则来确定（滞后长度 k 的取值对单位根检验至关重要）。由于 *SD* 不具有趋势稳定的特征，因此分别采用 *ADF* 检验及 *PP* 检验两种方法检验其平稳性。

对 *SD* 直接进行 ADF 单位根检验，结果如下：

$$\Delta SD_t = 0.127 - 0.174SD_{t-1} + 0.105\Delta SD_{t-1} + e_t \qquad \text{式（3—4）}$$

$$AIC = -2.619,\ SC = -2.549,\ ADF = -2.128$$

ADF 在显著性分别为 1%、5%，10%时的临界值分别为－3.548、－2.912、－2.594，此时，有－2.619＞－2.912，同时残差项已经平稳，显然此时应该接受我国三次产业就业的总结构偏离度为单位根过程。同时，*PP* 检验方法的检验结果表明，在 5%的显著性水平下，*SD* 是非平稳的，由单位根过程生成，不具有趋势稳定特征。

（三）考虑结构突变的单位根检验

假定只有一个结构突变点，并且这个突变点已知（可以通过图形观察或简单计算得出，使用 chow 检验方法）。上述单位根检验未考虑就业量数据的结构突变性。下面将引入虚拟变量，假设结构突变点为 T_B，进行结构突变的单位根检验。通过观察原始数据，我们发现就业在1989年出现就业的产业结构变化的原因源于第三产业就业人员的增长，第三产业就业人员在样本期内的平均增长率仅为1.47%，但是1989年至1990年间的增长率高达17.12%。

如果假设时间序列具有一个结构突变点后仍然为单位根过程，可能是由于忽略了其他结构突变点而降低了检验功效。考虑到中国的总量可能含有多个结构变化，因此一个结构突变点的单位根检验结果可能无法准确描述总量的动态特征。已有的研究也显示许多国家的总量具有多个结构突变点（Lumsdaine和Papell，1997；Arestis和Mariscal，1999；Ben-David和Papell，2000）。举例来说，Arestis和Mariscal（1999）对26个OECD国家失业率的动态特征进行了研究，发现25个国家的失业率的均值具有两个显著的结构突变点，19个国家的失业率的时序列是围绕着两个结构突变点的分段趋势平稳。

观察就业结构的总结构偏离度序列变化规律（如图3—3所示），可以清楚看出我国就业的产业结构存在一个结构变化的过程，第二、三产业就业人数比例在1989年、1992年、1997年及2002年均有比较明显的转折。由于不知上述四个年份是否是结构突变点，据此选择截距突变模型，运用退势法，分别在1989年、1992年、1997年及2002年处设置虚拟变量，检验SD是结构突变的单位根过程还是结构突变的趋势稳定过程。考虑剔除结构变化及其趋势影响，可能会使单位根检验功效下降，因此应对剔除结构变化以后的变量进行单位根检验。

设结构突变点$T_B=1989$，定义虚拟变量$D_1=1$，$t>T_B$；$D_1=0$，$t\leqslant T_B$。三次产业就业结构的总偏离度退化结构突变的趋势结果如下（括号内为t统计量）：

$$SD_t=0.949-0.018t-0.128D_1+0.012D_1t+e_t \quad 式（3—5）$$

$$(51.271)\ (-10.109)\ (-21.758)\ (24.457)$$

$$R^2=0.953,\ F=71.433,\ DW=0.572$$

由上面的检验可知，截距和时间趋势项都显著，因此认为该结构突变模型成立。同时，需要检验退化趋势后的数据 e_t 是否为单位根过程，检验结果显示通过单位根零假设。无论是趋势稳定还是结构突变的趋势稳定，都可以通过退化趋势而达到稳定，因而与差分稳定过程通过差分而获得稳定相区别。因此，可以认为 1989 年为结构突变点的假设成立。从检验结果来看，结构突变点截距和趋势项虚拟变量的系数皆为正，且 1%显著，说明小城镇建设的城市化政策对就业的产业结构造成了长期的正面冲击。

考虑到我国就业结构数据生成过程中可能存在多个结构突变点，因此进一步设定 2002 年也为一个结构突变点，对于突变点 2002 年进行退化趋势处理后，结果如下（括号内为 t 统计量）：

$$SD_t = 0.693 - 0.202t + 0.368D_2 - 0.023D_2t + e_t \qquad \text{式（3—6）}$$

$$(78.714)\ (-25.329)\ (5.220)\ (-5.406)$$

$$R^2 = 0.954,\ F = 18.371,\ DW = 0.912$$

退化趋势后的数据 e_t 的 ADF 检验结果显示，第二个结构变化出现在 2002 年。2002 年是我国加入世贸组织后第一年，在产业政策上做了许多重大的调整，农业、制造业和服务业领域都发生了深刻的变化。我国结构突变点截距虚拟变量的系数皆为正且显著，但是结构突变点趋势项虚拟变量的系数为负且显著，说明尽管冲击对就业的产业结构优化有一个短暂的负面效应，导致结构偏离度在 2002 年出现了小幅增加，随后就业的产业结构的长期优化路径得到了改善，就业的总结构偏离度在第二个结构突变点之后的稳定状态增长率分别达到了 8.51%和 7.29%，比两个结构突变点之间的增长率分别高出了 22.62% [22.62% =（8.51% − 6.94%)/6.94%] 和 53.80% [53.80% =(7.29%−4.74%)/4.74%]。按照退势法，从各个退化结构突变的趋势方程也可看出，结构突变点通过了统计检验，是显著的，说明变量确实存在结构突变。

三、协突变模型实证研究

经济过程之间的协突变是指经济过程之间存在相同的突变关系。

若协整变量可以消除因突变而产生的影响，那么经济变量间存在协突变关系。[①] 与时变参数模型相比较，协整的结构突变是在协整的框架内进行。由于协整关系反映的是变量之间的长期稳定关系，本节的研究，着重分析就业的产业结构变化与GDP增长之间的相关关系。由于就业的产业结构的变化在某些年份伴随GDP增长呈现显著变化现象，那么就业的产业结构演进与GDP相关关系的模型就有可能出现结构突变。本节采用就业的产业结构差异系数（*EDC*）来作为表示就业的产业结构水平的变量。如果把三次就业的产业结构（各产业就业人数或各产业就业人数比重）作为三个分别的变量引入模型，会因为这三个变量的完全线性相关的关系，而引起模型的多重共线性，而且这样做也没有把三次就业的产业结构作为一个整体来反映就业的产业结构的动态变化。因此，为了综合反映就业的产业结构的变化，用就业的产业结构的总结构偏离度来表示就业的产业结构的发展水平。模型所使用的GDP数据时间范围为1978—2010年，实际GDP数据以1978年为不变价格进行平减处理并且进行对数处理，以减少或消除异方差性的影响。

（一）系统的协整检验与估计

由于大部时间序列都是非平稳序列，因而在不进行平稳性检验的情况下直接应用OLS回归分析，势必造成“伪回归”现象。为了使回归有意义，必须对序列进行平稳性的单位根检验，我们首先采用*ADF*检验对各变量序列进行单位根检验。本书在Eviews7.2中采用*ADF*检验上述变量的平稳性。滞后阶数由SIC准则来确定。检验结果表明，在5%的显著性水平下，*lnG*和*SD*均是非平稳的。对其一阶差分序列进行*ADF*检验，具体检验结果见表3—4。

---

① 马薇. 协整理论与应用［M］. 天津：南开大学出版社，2004.

表 3—4　*LnEDC* 与 *LnG* 一阶差分序列的单位根检验结果

变量	*ADF*	5%时的临界值	Prob.	一阶差分的 *ADF*	5%时的临界值	Prob.
SD	−2.128	−2.912	0.234 5	−9.864	−2.914	0.000 0
lnG	2.053	−2.915	0.969 9	−6.079	−2.915	0.000 0

注：*ADF* 检验的差分项的最大滞后阶数采用赤池信息准则（AIC）和施瓦茨准则（SC）标准选择。

由表 3—4 可知，一阶差分后的 *SD* 序列和 ln*G* 序列的 *ADF* 值都小于临界值（显著水平为 5%），因此认为都不是单位根过程，可以进行协整分析。

（二）格兰杰因果关系检验

在进行协整分析之前，为了判定两个变量之间的因果关系，采用 Engle 和 Granger 于 1987 年提出的两步检验法（即 EG 检验），检验结果如表 3—5 所示。

表 3—5　*SD* 与 *lnG* 的格兰杰因果关系检验结果

原假设（Null Hypothesis）	F-Statistic	Prob.	结论
ln*G* 不是 *SD* 变化的格兰杰原因	12.058 5	0.006 5	拒绝原假设
SD 不是 ln*G* 变化的格兰杰原因	1.193 35	0.336 6	接受原假设

表 3—5 数据表明，在 5%显著性水平下，拒绝了“ln*G* 不是 *SD* 变化的格兰杰原因”的原假设，接受了“*SD* 不是 ln*G* 变化的格兰杰原因”的原假设，因此，对数人均 GDP 对就业结构的总结构偏离度有单向的格兰杰因果关系，对数人均 GDP 的增长促进了就业结构总结构偏离度的变化。

（三）协整分析

由于就业的产业结构数据为结构突变的趋势稳定过程，存在结构突变，意味着其他经济变量与就业的产业结构存在的长期稳定关系有可能发生变动，而结构突变后的协整关系才是现行其他经济变量与就业的产业结构长期稳定关系的反映。

1. 不考虑结构突变的协整关系检验。

由于对数人均 GDP 是就业结构的总结构偏离度的格兰杰原因，所以以就业结构的总结构偏离度作为被解释变量，对数人均 GDP 作为解释变量，利用 OLS 法建立协整方程，结果如下（括号内为 t 统计量）：

$$SD = 1.128\,165 - 0.062\,007 \times \ln G + \varepsilon \qquad \text{式（3—7）}$$

$$(18.001\,10)\ (-6.321\,374)$$

$$R^2 = 0.812 DW = 0.647 AIC = -2.124 SC = -2.054$$

进一步检验对回归模型式（3—7）的残差项是否为单位根过程，得检验结果见表 3—6，残差项 *ECM* 的 *ADF* 检验值－3.774 178 小于 1％显著水平下的临界值，因此 *ECM* 也是平稳序列，*SD* 与 ln*G* 之间存在负向的协整关系。

表 3—6　　　　协整模型残差项 *ECM* 的单位根检验

协整变量	*ADF* 统计量	Prob.	1％临界值	5％临界值	10％临界值
SD ln*G*	－3.774 178	0.005 3	－3.548 208	－2.912 631	－2.594 027

注：*ADF* 检验的差分项的最大滞后阶数采用赤池信息准则（AIC）和施瓦茨准则（SC）标准选择。

2. 考虑结构突变的协整关系检验。

由于各产业就业人数比重在不同的年份发生了结构突变，故存在协整关系的 *SD* 与 ln*G* 的协整向量可能具有结构突变性，因此运用协突变模型检验其在样本期内是否存在突协整关系。中国自 1978 年进入全面的改革开放阶段，作为经济体制的重要组成部分，所有制改革、国有企业改革、就业制度改革、分配制度改革、土地制度改革等外部冲击，理论上会影响就业的产业结构与国民经济增长之间的协整模型发生变化，如果不考虑经济改革所可能形成的结构突变，势必会扭曲两者之间真正的协整关系。因此，假设它们均是水平漂移的协整关系变化，分别在 1978 年、1992 年和 2002 年设置虚拟变量，对 *SD* 与 ln*G* 的协整关系进行分析检验经济变革是否构成了结构突变，我们采用邹氏（Chow）断点检验，检验结果如表 3—7 所示。

表 3—7　　邹氏（Chow）断点检验结果

1978 年	原假设（Null Hypothesis）：不存在结构突变			
	F-statistic	15.953 24	Prob.	0.000 0
	Log likehood ratio	26.992 47	Prob.	0.000 0
	Wald Statistic	31.906 49	Prob.	0.000 0
	结论：拒绝原假设			
1992 年	原假设（Null Hypothesis）：不存在结构突变			
	F-statistic	2.182 516	Prob.	0.083 4
	Log likehood ratio	4.390 286	Prob.	0.082 3
	Wald Statistic	4.365 032	Prob.	0.083 3
	结论：接受原假设			
2002 年	原假设（Null Hypothesis）：不存在结构突变			
	F-statistic	10.182 06	Prob.	0.019 7
	Log likehood ratio	9.032 54	Prob.	0.074 7
	Wald Statistic	9.364 11	Prob.	0.087 2
	结论：接受原假设			

可以看出，只有 1978 年的三个检验值的 P 值小于 0.05，存在结构突变点的假设成立，因此认为 1978 年为结构突变点，而 1992 年和 2002 年经过检验不是结构突变点。表现在就业的产业总结构偏离度趋势图上，1992 年和 2002 年的拐点趋势明显弱于 1989 年。但是从表 3—7 也可以看出，2002 年三个检验值的 P 值中，F 检验值的 P 值小于 0.05，其他两个检验值的 P 值也接近于 0.05，因此 2002 年也是我国就业的产业结构较大的转折点。

根据上述一个突变点，可以将时间序列划分为 2 个阶段：1952—1978 年；1979—2010 年。因此，引入虚拟变量 D_1，如下：

$$D_1=\begin{cases}0，1952—1978\text{ 年}\\1，1979—2010\text{ 年}\end{cases}$$

以对数结构差异系数作为被解释变量，以对数 GDP 和虚拟变量 D_1 作为解释变量（这里包括 ln$G$ 和 D_1 的交叉变量），利用 OLS 法建立回归模型，协整模型为（括号内为 t 统计量）：

$$SD=-0.232\,916-0.198\,282\times \ln G+1.275\,409\times D_1-0.249\,899\times D_1\times \mathrm{Ln}G+\varepsilon \quad 式（3—8）$$

$$(-3.909\,384)\ (4.098\,898)\ (4.619\,423)\ (-4.949\,775)$$

$$R^2=0.928 DW=1.072 AIC=-2.514 SC=-2.373$$

式（3—8）的系数均在 1%显著性水平下显著，与式（3—7）相比，式（3—8）的 R^2 有明显提高，AIC 值和 SC 值也比式（3—7）中的小，不难发现，引入结构突变点后的模型（3—13）大大提高了模型的拟合水平。在式（3—8）的基础上提取出残差项（令 ECM=resid），对残差项同样进行既不含有常数项也不含有趋势项的单位根检验。变结构协整残差单位根检验结果见表 3—8，可以发现，在 1%、5%、10%的显著性水平下都能拒绝残差项序列为不平稳序列，所以此时的残差项 ECM 为平稳序列。

表 3—8　　变结构协整模型残差项的单位根检验

协整变量	*ADF* 统计量	Prob.	1%临界值	5%临界值	10%临界值
SD ln*G*	−4.568 319	−0.000 5	−3.548 208	−2.912 631	−2.594 027

上述实证表明，我国就业的产业结构变化与人均 GDP 增长之间确实存在着结构突变的协整关系，即 1978 年前后就业结构与产业结构之间的总偏离度与人均实际 GDP 的协整参数是不同的。式（3—8）就是我们所求的基于结构突变的协整模型，引入结构突变点后能更加准确的反映我国就业的产业结构变化与 GDP 增长之间的长期均衡关系。考虑结构变化，一方面协整模型的拟合优度有了改进，F 值也有了提高，模型整体拟合效果更为显著；另一方面，所设置的虚拟变量亦通过了显著性检验，进一步说明了结构变化的存在性。在 1952—1978 年，我国年度就业的产业结构变化的人均 GDP 弹性系数为 0.165 865，经过 1978 年经济政策变化的影响，我国就业的产业结构

有所变化，在 1979—2010 年期间，我国年度就业的产业结构变化的人均 GDP 弹性系数就变化为－0.024 06。

与未考虑结构突变的协整模型相比，考虑结构突变的协整模型更好地拟合二者之间的协变关系，并且在突变点处的参数估计显著，更加支持了该突变点存在的检验结果。因此，在中国就业的产业结构演进过程中，我国经济政策等外部影响因素产生了较大的冲击，这一结论与上一节中我国就业的产业结构数据为结构突变的趋势稳定过程的结论相一致。

（四）误差修正

通过协整模型可以发现我国就业的产业结构与 GDP 的长期均衡关系，传统的经济模型通常表述的也是变量之间的长期均衡关系，但是实际经济数据却是由非均衡过程生成的，因此，建立协整模型时还需要在方程中包含一个反应序列长期关系的误差修正项，将变量之间的关系表示成长期静态关系与短期动态关系之和的形式。Engle 和 Granger（1981）两步法是常用的误差修正模型（*ECM* 模型）的估计方法，如果非平稳变量之间存在协整关系，则必然可以建立误差修正模型；如果用非平稳变量可以建立误差修正模型，则该变量之间必然存在协整关系。[①] 用数据的动态非均衡过程来逼近经济理论的长期均衡过程。Davidson、Hendry 于 1978 年提出了误差修正模型的基本形式，通过误差修正模型恰好可以得知实际经济数据之间的短期动态关系。

1. 不考虑结构突变的误差修正模型

通过前述不考虑结构突变的长期均衡关系模型，即协整模型式（3—7），得到此时的残差序列为：

$$ECM = SD + 0.062\,007 \times \ln G - 1.128\,165 \quad 式（3—9）$$

为了研究我国就业的产业结构变动的短期波动特征，利用差分序列 ΔSD_t，ΔLnG_t 和前期误差序列 ECM_{t-1}，构建的误差修正模型为：

---

① 马薇. 协整理论及应用［M］. 天津：南开大学出版社，2004：95.

$$\Delta SD_t = \beta_0 \Delta \ln G_t + \beta_1 ECM_{t-1}$$

其中，ECM 是 SD 与 $\ln G$ 进行 OLS 回归得到的残差，称为误差修正项，反映了变量之间长期的均衡关系。基于上式，在模型一的基础上进一步建立误差修正模型，我们在试验过程中根据 t 统计量逐渐删除不显著的变量，最后得到式（3—10）：

$$\Delta SD_t = -0.177\ 574 \Delta \ln G_t - 0.200\ 055 ECM_{t-1} + \varepsilon_t$$

式（3—10）

方程检验结果和参数检验结果如表 3—9 所示。

表 3—9　不考虑结构突变的 ECM 修正模型的方程检验结果和参数检验结果

方程检验		参数检验		
R^2	DW	参数	t 值	Prob.
0.633 447	1.864 344	β_0	−9.692 074	0.000 0
		β_1	−1.519 563	0.139 4

方程检验结果显示该方程显著线性相关。参数检验结果显示 GDP 的当期波动对就业的产业结构差异系数的当期波动有显著性影响（β_0 显著），但上期误差（ECM）对当期波动的影响不显著（β_1 不显著）。从回归系数的绝对值大小可以看出 GDP 的当期波动对就业的产业结构差异系数的当期波动调整幅度较大，每增加 1 万元的 GDP 会使得结构差异系数减少 0.177 574。在误差修正模型式（3—10）中，差分项反映了短期波动的影响。就业的产业结构的短期波动可以分为两部分：一部分是短期 GDP 波动的影响；一部分是偏离长期均衡的影响。误差修正项 ECM 的系数为负值，符合反向修正机制，系数的大小反映了对偏离长期均衡的调整力度。从系数估计值来看，上期误差（ECM）对就业的产业结构差异系数的当期波动调整幅度不大，单位调整比例−0.200 055，即为当短期波动偏离长期均衡时，将以−0.200 055 的调整力度将非均衡状态拉回到均衡状态。

与协整模型式（3—7）相比，方程式（3—10）的赤池信息准则

（AIC）值和施瓦茨准则（SC）值明显要小，符合 AIC 和 SC 最小值选取原则；方程式（3—10）的 DW 值位于 2 附近，说明其残差项不存在序列相关，进一步观察残差的自相关和偏自相关系数图，如图3—4所示。

Date: 11/22/12 Time: 22:59
Sample: 1952 2010
Included observations: 59

Autocorrelation	Partial Correlation		AC	PAC	Q-Stat	Prob
		1	-0.266	-0.266	4.3805	0.036
		2	-0.138	-0.224	5.5760	0.062
		3	0.143	0.044	6.8993	0.075
		4	-0.058	-0.034	7.1202	0.130
		5	-0.065	-0.064	7.4038	0.192
		6	0.049	-0.013	7.5701	0.271
		7	0.012	0.011	7.5797	0.371
		8	-0.070	-0.053	7.9267	0.441
		9	0.049	0.011	8.1020	0.524
		10	0.094	0.101	8.7481	0.556
		11	-0.046	0.040	8.9040	0.631
		12	-0.028	-0.011	8.9636	0.706
		13	0.004	-0.035	8.9646	0.776
		14	-0.034	-0.041	9.0549	0.828
		15	0.001	-0.013	9.0550	0.875
		16	0.067	0.054	9.4256	0.895
		17	-0.030	0.009	9.5011	0.923
		18	0.035	0.058	9.6062	0.944
		19	-0.179	-0.206	12.487	0.864
		20	0.008	-0.117	12.493	0.898
		21	0.041	-0.054	12.655	0.920
		22	-0.065	-0.046	13.071	0.931
		23	0.043	0.020	13.258	0.946
		24	-0.021	-0.039	13.302	0.961

图 3—4 不考虑结构突变的 ECM 修正模型的自相关和偏自相关系数图

图 3—4 中自相关系数和偏自相关系数列中的虚线之间的区域是自相关中正负两倍于估计标准差所夹成的，如果自相关值在这个区域内，则在显著水平为 5%的情形下与零没有显著区别。从图 3—4 中可以看到，各阶自相关系数和偏自相关系数均没有超出虚线，说明残差不存在序列相关，各阶滞后的 $Q\text{-}Stat$ 的 P 值都远大于 0.1，因此接受原假设，残差序列不存在序列相关。

2. 考虑结构突变的误差修正模型

通过前述建立的考虑结构突变的长期均衡关系模型，即协整模型式（3—8），得到此时的残差序列为：

$$ECM = SD + 0.198\,282 \times \ln G - 1.275\,409 \times D_1 + 0.249\,899 \times D_1 \times \ln G + 0.232\,976 \qquad \text{式（3—11）}$$

同样采用如下的误差修正模型：

$$\Delta \ln EDC_t = \beta_0 \Delta \ln G_t + \beta_1 ECM_{t-1}$$

基于上式，在模型式（3—11）的基础上进一步建立误差修正模型，我们在试验过程中根据 t 统计量逐渐删除不显著的变量，最后得到式（3—12）：

$$\Delta SD_t = -0.156\,733 \Delta \ln G_t - 0.010\,651 ECM_{t-1} + \varepsilon_t \qquad \text{式（3—12）}$$

$R^2 = 0.827\,160$ $DW = 2.070\,752$ $AIC = -1.488\,921$ $SC = -1.200\,957$

表 3—10　　考虑结构突变的 ECM 修正模型的方程检验结果和参数检验结果

方程检验		参数检验		
R^2	DW	参数	t 值	Prob.
0.667 434	1.923 264	β_0	−5.215 297	0.000 0
		β_1	−1.010 730	0.320 5

在误差修正模型式（3—12）中，各个变量的 t 检验全部通过，误差修正项 ECM_{t-1} 的系数也为负值，亦符合反向修正机制，从系数估计值（−0.010 651）来看，上期 ECM 项（误差项）对就业的产业结构差异系数的当期波动调整幅度不大，单位调整比例为−0.010 651。

与方程式（3—8）比较，方程（3—12）的 AIC 和 SC 值都相应减小，DW 值也位于 2 附近，我们再进一步观察残差的自相关与偏自相关系数图（见图 3—5），可以发现误差修正模型（3—12）的残差也不存在序列相关。

与式（3—10）比较，引入结构突变点以后的方程（3—12）中各个变量的系数，在 5%的显著性水平下都很显著，根据 R^2、AIC、SC 等统计量进行综合判断，不难发现，引入结构突变点以后的误差修正模型，其统计量都有一定程度的改善，大大提高了我国就业的就业的产业结构的总结构偏离度与 GDP 短期动态模型的拟合水平。

Date: 11/22/12 Time: 23:27
Sample: 1952 2010
Included observations: 59

Autocorrelation　　Partial Correlation

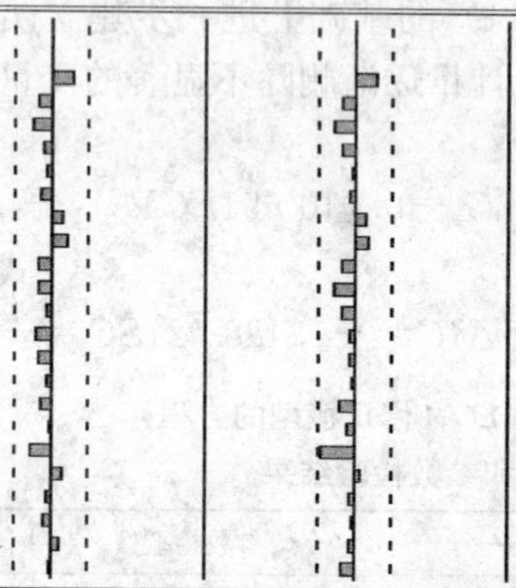

	AC	PAC	Q-Stat	Prob
1	0.000	0.000	7.E-07	0.999
2	-0.000	-0.000	1.E-06	1.000
3	0.155	0.155	1.5410	0.673
4	-0.086	-0.088	2.0229	0.732
5	-0.139	-0.142	3.3046	0.653
6	-0.056	-0.082	3.5195	0.741
7	-0.044	-0.016	3.6514	0.819
8	-0.066	-0.029	3.9576	0.861
9	0.075	0.077	4.3600	0.886
10	0.108	0.095	5.2095	0.877
11	-0.083	-0.098	5.7267	0.891
12	-0.083	-0.145	6.2570	0.903
13	-0.048	-0.096	6.4351	0.929
14	-0.101	-0.049	7.2563	0.924
15	-0.084	-0.028	7.8387	0.930
16	-0.028	-0.024	7.9063	0.952
17	-0.079	-0.099	8.4391	0.956
18	-0.015	-0.062	8.4598	0.971
19	-0.144	-0.244	10.319	0.945
20	0.068	0.030	10.744	0.953
21	-0.036	-0.039	10.864	0.965
22	-0.053	-0.022	11.141	0.973
23	0.049	-0.038	11.379	0.979
24	-0.013	-0.087	11.397	0.986

图 3—5　考虑结构突变的 ECM 修正模型的自相关和偏相关系数图

第三节　我国就业的产业结构波动趋势

一、中国就业的产业结构变动趋势呈现的特点

本节以 1978—2009 年的就业的产业结构差异系数及 GDP 值数据为样本，考虑就业的产业结构数据的数据生成过程的结构突变性，通过时序图找出可能的结构突变点，检验并证实了结构突变点的存在性及其存在形式。之后进一步讨论了就业的产业结构与 GDP 值协整关系的突变性，实证结果表明中国三次就业的产业结构差异系数与 GDP 之间存在着显著的突协整关系。具体结论如下：（1）中国就业的产业结构差异数据不具有趋势稳定特征，不考虑结构突变的检验表明就业的产业结构差异系数与 GDP 均为单位根过程，其中在 5%的显著性水平下就业的产业结构差异系数与 GDP 数据均是一阶单整的。（2）样本期内，中国就业的产业结构与 GDP 存在长期稳定的协整关系。（3）结构突变的单位根检验表明中国就业的产业结构差异系数数

据均为结构突变的趋势稳定过程。这说明我国经济政策的变化导致了我国就业的产业结构数据发生变化，并进而引起了我国就业的产业结构与GDP之间原有的协整关系发生变化。（4）协突变关系在就业的产业结构差异系数与其对应的GDP之间均成立。这说明从短期来看我国就业的产业结构的变动是由较稳定的长期趋势和短期波动所决定的，就业的产业结构受外生性冲击影响，产生了波动现象，短期内系统对于均衡状态的偏离程度的大小直接导致波动振幅的大小；但从长期来看，由于协整关系式起到引力线的作用，我国就业的产业结构的变化将被从非均衡状态拉回到均衡状态，仍沿着确定的轨迹发展。

检验结果显示，中国就业的产业结构变动的趋势将呈现以下特点：

1. 国家宏观经济政策影响对我国就业的产业结构演进历程构成冲击性的影响。

结构问题仍然是中国经济发展和就业问题的主要内容，国家产业结构、布局，生产技术类型的选择，劳动就业政策的变化都会对就业的产业结构产生深远的影响。我国还处于发展中国家阶段，二元经济结构特征明显，既有城市的就业问题，还有农村剩余劳动力转移问题。因此，在我国劳动力丰富、资本相对稀缺的情况下，在“以就业为优先战略”下，产业结构布局将逐步形成一个以最大化吸收劳动力的产业，即劳动密集型产业为主的发展格局。提高全要素生产率是衡量技术进步的标准，而不仅仅是劳动生产率。

2. GDP增长促进就业的产业结构转变历程加快。

产业结构和技术结构的调整将促进劳动力增长率与GDP的增长速度同步或者更快，在一定的阶段，我国劳动年龄人口、劳动力供给规模较大，而我经济增长速度将会放缓。目前，我国已经开始进入劳动力总量增长速度放缓的阶段。但人口红利仍将在一段时期内是中国持续经济增长的源泉。随着资源禀赋结构发生变化，经济增长所依赖的比较优势将会转变，实现经济增长的方式也将转变。

二、中国就业的产业结构存在的问题

1. 产业结构升级并没有带来就业的产业结构的升级，非农产业的就业弹性小。

中国的就业的产业结构与钱纳里（1986）所概括的模式有一定的差距，表现为第一产业的产出偏低、就业偏高，第二产业产出偏高、就业偏低，第三产业产出和就业都偏低。这说明三次产业的就业的产业结构不够合理，第二产业的吸纳能力较弱，第三产业发展不够迅速，第一产业的劳动力向第二、第三产业转移的速度过慢。

首先，我国第二产业中“增长优先”的工业化发展战略导致与国际标准模式的结构变动存在较大偏差，这种偏差主要表现在三次产业的产值比重结构与就业比重结构严重不对称。新中国成立以来，我国在计划经济体制下优先发展重工业，改革开放以后一些传统计划体制下的政策仍然保持，例如户籍制度和“产出为中心”的工业经济指标等，使得我国第二产业产值比重高却就业比重低。我国第二产业产值占46.3%，其就业人员仅占27.8%，虽然有就业空间，但由于对劳动力的技术要求高以及就业弹性小，这使第二产业的就业空间很难有较大的拓展。

其次，垄断性的行业与其他行业之间形成劳动力市场分割，行业间的收入差距扩大，限制了劳动力转移，阻碍中国就业的产业结构进一步优化。我国第三产业中的不少部门属于行业垄断部门，是在旧体制“事业单位”的基础上运行发展起来，服务业平均劳动生产率水平仅为制造业平均劳动生产率水平三分之一，但工资水平和平均利润率水平却比制造业的工资水平和平均利润率高许多，尤其表现在金融、通信、电力、煤气、航空等垄断行业。根据边际生产力工资决定理论，边际劳动生产率提高，利润和工资才会随之提高。但目前垄断性服务业在劳动生产率比较低的情况下却能提供较高的工资水平，说明劳动力市场分割阻隔了劳动力的流动，行业垄断限制了服务业发展以及就业扩大。[①]

2. 产业劳动力需求和供给结构的区域不平衡现象明显。

东部沿海和中西部省份企业用工需求普遍呈现增长的态势，且中西部增长幅度比东部要高，缺工的现象基本集中在劳动密集型的制造业和服务型行业，而且主要是一线操作人员。例如，江苏存在用工缺口的企业主要为电子电器、机械制造，这两个分别占缺工企业总量的38.7%和25.3%，一线操作工占总数的94.6%；[②] 福建用工缺口主要集中在比较优势的劳动密集企业（如制鞋、服装、陶瓷等产业），主要为制造业、批发零售业和服务业；山东用工需求主要集中在制造业、批发和零售业及住宿和餐饮业，其中，缺口最大的十个职业分别为裁剪缝纫工、餐厅服务员、推销展销人员、纺织印染工、营业人员、机械热加工工、保险业务人员、电子元件器件制造工、家庭服务员和机械冷加工工，这十大行业缺口合计7.4万人，占企业用工总缺口的68.5%。[③]

3. 劳动要素的生产率水平不能满足产业升级的需要。

落后生产能力将逐渐被淘汰，从而产生新的结构性失业；经济发展方式转变客观上要求劳动力在各产业间有序转移，要求通过发展第三产业来吸纳由于第一、二产业实行集约化经营而富余的劳动力；产业结构调整升级、科技进步和管理创新等对劳动者素质提出更高要求。

4. 劳动力流动的社会就业服务机制尚不完善。

城镇化有快速发展是促进就业的产业结构改善的重要动因之一。我国处于工业化、城镇化快速发展时期，大批农村富余劳动力将向城镇第二、三产业转移。这对解决农民工的稳定就业、职业培训、工资

① 华尔诚. 服务业发展不起来有可能成为“瓶颈”[J]. 宏观经济管理，2000.10.

② 数据来源：江苏人力资源和社会保障网. http：//www.jshrss.gov.cn/file/service/.

③ 数据来源：山东用工缺口将达20万每年力争新增就业百万人［N］. 半岛都市报，2011-02-16.

待遇、社会保障以及子女上学、生活居住等问题的农村劳动力转移就业服务水平提出迫切要求。但目前我国的就业体制与就业社会化管理的要求不相适应。主要表现为：公共就业服务投入不足，基层平台匮乏，服务功能和服务手段落后；就业市场信息化建设滞后，中小企业、微型企业的就业信息没有被纳入常态统计范围，就业信息尚未在全国实现联网，人力资源市场的动态监测薄弱，针对失业的监测和预警机制有待完善；劳动力流动的体制机制障碍依然存在，影响劳动力资源有效配置。

第四节　本章小结

本章首先介绍了中国就业的产业结构演进的总体历程、各阶段的特征，并且与发达国家和发展中国家进行了比较分析。通过三次产业就业量生成过程中的结构突变检验，总结我国就业的产业结构变动趋势中所呈现的特点和存在的问题。我国的就业的产业结构由第一产业向第二产业和第三产业倾斜，由“一二三”的格局向“一三二”转变，并有演变为“三二一”格局的趋势。发达国家中，以英国为代表的早期工业化国家就业的产业结构由第一产业先向第二产业再向第三产业转移，以日本为代表的新兴工业化国家就业的产业结构直接由第一产业向第三产业转移。目前来看，我国与发展中国家比较，就业的产业结构仍滞后于经济发展，第一产业就业比重较高，而第三产业比重较高。

为了探讨中国就业的产业结构的动态特征，本书对我国三次产业就业结构的总结构偏离度等就业的产业结构数据等经济发展指标进行结构突变验证，检验结果表明，就业的产业结构的第一个结构变化出现在 1989 年，结构突变点截距和趋势项虚拟变量的系数皆为负，且 1%显著，说明小城镇建设的城市化政策对就业的产业结构造成了长期的负面冲击。第二个结构变化出现在 2002 年，结构突变点截距虚拟变量的系数皆为负且显著，但是结构突变点趋势项虚拟变量的系数为正且显著，说明冲击对就业的产业结构有一个短暂的负面效应。我国就业的产业结构与 GDP 存在长期均衡关系，通过邹氏断点检验，证实 1978 年经济政策变化的影响对我国就业的产业结构演进过程造成了一定冲击，与未考虑结构突变的协整模型相比，“突协整”模型的拟合效果要好一些，总体拟合水平提高，突变点处估计的参数也非常显著，进一步说明突变点的存在，说明我国就业的产业结构的变动是由较稳定的长期趋势和短期波动所决定的。

第四章

就业的产业结构的区域差异分析

第一节　就业的产业结构区域差异的测度

一、就业的产业结构区域差异的静态性和动态性

就业的产业结构的区域差异是劳动力资源在产业之间分配的空间表现形式，因此区域就业的产业结构与生产专业化和产业的地理集中相互联系，是产业劳动力集中在空间上的特殊表现，同时也是产业劳动力转移在空间上的分离过程。就业的产业结构的区域差异有静态性和动态性之分。

1. 区域就业的产业结构的静态性

静态的区域产业结构描述某一时点和某一区域内一系列不同产业的存在①或者一定区域内经济活动被分为一系列不同类别的程度，②而其对应的就业的产业结构是以平衡就业来衡量各种产业类别数，③

① Rodgers A. Some Aspects of industrial diversification in the United States [J]. Economic Geography，1957 (33)：16-30.

② Parr J. Specialization，diversification and regional development [J] . Professional Geography，1965 (6)：21-25.

③ Attaran M. Industrial diversity and economic performance in U.S. areas [J]. Annals of Regional Science，1986 (20)：44-54.

反映了在一个具体时点上各种经济活动的就业的产业结构。① 首先，它是一个静止的概念；其次，它强调了劳动力资源在区域内各产业之间的联系及其对实现区域增长和稳定的短期和长期目标满足程度。

2. 区域就业的产业结构的动态性

动态的就业的产业结构是描述一个就业的产业结构变化的过程。动态就业的产业结构最直接和简单定义是给静态就业的产业结构加上时间维度后形成的一个概念，动态的就业的产业结构就是随着时间变化就业资源集中程度变化的一个过程，② “是劳动力资源从第一产业向第二、第三产业的结构转换过程”。③ 就业的产业结构的动态变化有助于推进区域内经济循环，以提高区域产业的附加值。其实现途径是通过区域内产业间的分工和劳动力资源的合理配置促进生产效率的提高，比例结构合理的就业的产业结构可为区域居民提供更多的就业选择机会，从而就业人员在区域内部找到实现自我价值的空间。④ 专业性和技术性行业可以提供更多的知识和技术含量高的就业机会，并且间接地提高了区域的竞争力，但并不是多多益善。比例不合理的产业结构下，就业机会贫乏，例如在以制造业为主的专业化的产业结构下，由于需求集中于中等或以下技术的男性劳动力，那么女性、年纪偏大、掌握高技术或者是与该产业专业技术不对口的劳动力将会面临失业。因此，“民工荒”与大学生找工作难现象也可以认为是区域就业的产业结构动态变化下凸显的就业问题。合理的区域就业的

---

① Malizia E.，Ke S. The influence of economic diversity on unemploy-ment and stability [J]. Journal of Regional Science，1993（33）：221-235.

② Siegel P.，Johnson T.，Alwang J. Regional economic diversity and diversification [J]. Growth and Change，1995（26）：261-85.

③ Schuh E.，Barghout. Agricultural diversification in Asia [J]. Finance and Development，1988（25）：41-44.

④ Sykes J. Diversification of industry [J]. The Economic Journal，1950（60）：697-714.

产业结构应使得区域本地的劳动力在低流动成本的前提下得到充分利用。

二、就业的产业结构区域差异的测度指标

1. 分三次产业描述就业结构的区域差异的测度指标

本书引入区域经济学研究中的区位商（Location Quotient，LQ）概念来表示三次产业劳动力资源在特定地区的集中程度，以衡量三次产业的竞争优势和就业创造能力。所谓区位商，是指某地区某产业或行业就业人数与该地区全部就业人数之比，和全国该产业或行业从业人数与全国总就业人数之比相除所得的商。行业的区位商更广泛地被研究区域经济的学者们应用于衡量地区专业化程度。雅各布斯（Jacobs，1969）通过产业间“动态的知识外部性”或“产业间知识溢出”说明劳动力资源在产业间的转移促进资源的优化配置和竞争，从而更有利于创新与增长。① 而 Glaeser 等（1992）的区域增长模型研究也采用就业增长衡量产业增长，说明地区专业化具有多重均衡和不稳定的特点。② 国内学者也往往以各省份各部门的从业人数为依据，来表示产业在某一地区的集中程度。③ 区位商的概念反映了国民经济中某产业创造就业量在空间上的相对分布，由此反映各产业创造就业机会和提升地区或国家就业率的能力。

因此，地区间某一产业或行业就业集中程度的差异可以用就业人数来计算出的区位商来表达，计算公式如下：

$$LQ_{ij} = (E_{ij}/E_j) / (EN_i/EN) \qquad \text{式 (4—1)}$$

其中，LQ_{ij} 为区域 j 中产业部门 i 的区位商，E_{ij} 为区域 j 中 i 产业的就业人数，E_j 为区域 j 的总就业人数，EN_i 为 i 产业的全国就业

---

① Jacobs J. The Economy of Cities［M］. New York and Toronto，1969.

② Glaeser E. L.，Kallal H. D.，Scheinkman. H. A.，Shleifer A. Growth in cities［J］. Journal of Political Economy，1992（100）：1126-1152.

③ 宁军明. 经济结构、知识溢出与中国区域经济增长［J］. 当代财经，2008（4）：14-22.

人数，EN 为全国就业总人数。这个公式的分子部分反映了区域某产业创造的就业量在区域就业的产业结构中所占的份额，分母部分反映了国家该类产业创造的就业量在整个国民经济就业的产业结构中所占的份额。当某地区某一产业部门的 LQ_{ij} 大于 1 时，表明该地区某产业劳动力集中程度超过全国，不仅有效地吸纳了当地就业人员而且还具有为产业区外的地方创造就业机会的能力；当 LQ_{ij} 小于 1 时，表明该地区某一产业的劳动力集中程度低于全国，意味着在该地区创造就业机会的能力不足；当 LQ_{ij} 等于 1 时，表明该地区某一产业劳动力集中程度与全国相当。一般来说，LQ_{ij} 值越大，该产业的区域竞争力越强，同时就业创造效应也越强。当 LQ_{ij} 值越来越趋近于 0 时，表示该产业在特定区域可能在处于收缩阶段，就业创造效应正处于或已经枯竭。就业区位商反映了区域间就业的产业结构的就业集中程度，把区域内部各产业创造就业的份额放在更大的空间系统中，以整个国民经济就业的产业结构作为参照系统来判断各产业创造就业的绝对份额大小，从而比较区域间各产业创造就业岗位的能力与竞争力。区位商的变化可以用以揭示国民经济产业活动的空间结构和各产业就业人员的变动趋向。

同时，本书也使用了目前常见的衡量就业的产业结构水平的指标（如：三次产业的结构偏离度，相对劳动生产率和就业弹性，等等），通过对这些指标的分区域分产业分别计算，然后根据指标值分析，来进行区域之间就业的产业结构的比较。

2. 描述区域间就业的产业结构总体差异的测度指标——区域差异系数

使用三次产业的区位商、相对劳动生产率、结构偏离度和就业弹性等指标进行就业的产业结构的区域比较有一个共同的局限性，就是无法对不同区域就业的产业结构优化情况进行综合性比较。因此本书提出采用就业的产业结构区域差异系数作为衡量就业的产业结构水平的区域比较指标。

就业的产业结构区域差异系数主要用来计算不同地区就业的产业

结构与某一指定参考地区的就业的产业结构之间的距离。如果将三次产业结构对应的就业的产业结构用一个三维向量来表示，则某一时间的区域就业的产业结构的变动可以用不同地区就业的产业结构的“相对距离”的变化来表示，它是一种社会经济发展的地区指标。假设参照地区产业结构对应的就业的产业结构为 $X_0=(A_0, I_0, S_0)$，其中 A_0、I_0、S_0 分别代表参照地区的第一产业就业比例、第二产业就业比例和第三产业就业比例。设第 t 期某一地区的就业的产业结构为 $X_t=(A_t, I_t, S_t)$，则可定义该地区就业的产业结构与参照地区就业的产业结构的距离为：

$$d_t=\|X_t-X_0\| \qquad \text{式（4—2）}$$

距离 d 满足以下三个条件：

1）非负性，$X_t-X_0\neq 0$，$\|X_t-X_0\|>0$，当 $X_t-X_0=0$，$\|X_t-X_0\|=0$；

2）齐次性，对于任意 $t\in P$，$\|t(X_t-X_0)\|=|t|\times\|X_t-X_0\|$；

3）三角不等式，$\|(X_t-X_0)+(X'_t-X_0)\|\leqslant\|(X_t-X_0)\|+\|(X'_t-X_0)\|$。

本书以欧氏距离来测度不同区域各时点就业的产业结构与参照就业的产业结构之间的“相对距离”，通过下列公式来表示：

$$\delta_{it}=\sqrt{(A_{it}-A_0)^2+(I_{it}-I_0)^2+(S_{it}-S_0)^2} \qquad \text{式（4—3）}$$

其中，i 代表不同的地区，t 代表不同的年份；

A_{it}——区域 i 在 $t-1$ 年年末的第一产业就业比例；

I_{it}——区域 i 在 $t-1$ 年年末的第二产业就业比例；

S_{it}——区域 i 在 $t-1$ 年年末的第三产业就业比例。

δ_{it} 称为就业的产业结构的区域差异系数，反映了不同区域就业的产业结构的差异程度。可以看出，δ_{it} 越低，该区域就业的产业结构在该年就与参照地区的就业的产业结构的越类似，通常参照地区选择为就业的产业结构发达的地区。因此，区域就业的产业结构与发达国家或地区的就业的产业结构越接近时，δ_{it} 越小。

第二节　我国就业的产业结构的区域差异比较

一、我国就业的产业结构区位商的区域差异

1. 三次产业的区位商时空结构

改革开放以来，全国31个省（市）的第二产业和第三产业就业人数都有不同程度的提高，就业的产业结构明显改善，省际的就业的产业结构差距也有较大幅度缩小。通过分析中国三次产业就业区位商时空结构，可以发现三次产业就业区域时空差异及产业集聚的区域时空差异。从表4—1可以看出，2000年第一产业就业的区位商空间结构

表4—1　　　　中国第一产业就业区位商结构

地区	2000年区位商	2010年区位商	地区	2000年区位商	2010年区位商
北京市	0.23	0.13	湖北省	0.96	0.81
天津市	0.40	0.40	湖南省	1.22	1.27
河北省	0.98	1.06	广东省	0.82	0.70
山西省	0.93	1.04	广西壮族自治区	1.24	1.45
内蒙古自治区	1.09	1.31	海南省	1.23	1.36
辽宁省	0.75	0.85	重庆市	1.13	0.90
吉林省	1.00	1.15	四川省	1.19	1.17
黑龙江省	0.99	1.21	贵州省	1.35	1.35
上海市	0.26	0.11	云南省	1.48	1.62
江苏省	0.84	0.51	西藏自治区	1.47	1.45
浙江省	0.76	0.43	陕西省	1.11	1.19
安徽省	1.20	1.09	甘肃省	1.19	1.39
福建省	0.94	0.80	青海省	1.22	1.14
江西省	1.04	1.02	宁夏回族自治区	1.16	1.07
山东省	1.06	0.97	新疆维吾尔自治区	1.15	1.39
河南省	1.28	1.22			

数据来源：根据国家统计局《中国统计年鉴2001》和《中国统计年鉴2011》中数据计算。

中，云南、西藏、贵州等18个省、市、自治区区位商大于1，说明这些省区农业从业人员比例较高，其中云南、西藏、贵州、河南等四省、市、自治区位商分居第1至4名。2010年第一产业就业的区位商空间结构中，区位商大于1的省区为云南、西藏、黑龙江等19个省、市、自治区，其中云南、广西、西藏、甘肃分列前4名。

从表4—2可以看出，2000年第二产业就业的区位商空间结构中，上海、天津、北京、浙江、江苏等11个省市区位商大于1，说明这些地区工业从业人员比例较高，第二产业具有相对较高的就业吸

表4—2　　　　中国第二产业就业区位商结构

地区	2000年区位商	2010年区位商	地区	2000年区位商	2010年区位商
北京市	1.44	0.73	湖北省	0.81	1.02
天津市	1.82	1.43	湖南省	0.65	0.75
河北省	1.13	1.16	广东省	1.16	1.22
山西省	1.11	0.92	广西壮族自治区	0.45	0.73
内蒙古自治区	0.73	0.61	海南省	0.43	0.42
辽宁省	1.17	0.91	重庆市	0.68	1.01
吉林省	0.85	0.74	四川省	0.64	0.80
黑龙江省	0.94	0.67	贵州省	0.41	0.41
上海市	1.90	1.31	云南省	0.41	0.47
江苏省	1.32	1.58	西藏自治区	0.26	0.38
浙江省	1.37	1.67	陕西省	0.73	0.87
安徽省	0.70	1.03	甘肃省	0.61	0.53
福建省	1.09	1.30	青海省	0.59	0.78
江西省	0.64	1.03	宁夏回族自治区	0.80	0.92
山东省	1.05	1.13	新疆维吾尔自治区	0.61	0.49
河南省	0.78	1.01			

数据来源：根据国家统计局《中国统计年鉴2001》和《中国统计年鉴2011》中的数据计算。

纳能力。其中上海、天津、北京、浙江等四省、市位商分居第1至第4名。2010年第二产业就业的区位商空间结构中，区位商大于1的省区为浙江、江苏、天津、上海等11个省市，其中浙江、江苏、天津、上海分列前4名。

从表4—3可以看出，2000年第三产业就业的区位商空间结构中，北京市、上海市、天津市、辽宁等19个省、市、自治区区位商大于1，说明这些地区服务业从业人员比例较高，其中北京、上海、天津、辽宁四省市区位商分居第1至第4名。2010年第三产业就业

表4—3　　中国第三产业就业区位商结构

地区	2000年区位商	2010年区位商	地区	2000年区位商	2010年区位商
北京市	2.03	2.14	湖北省	1.22	1.19
天津市	1.42	1.28	湖南省	0.89	0.92
河北省	0.94	0.81	广东省	1.19	1.14
山西省	1.03	1.02	广西壮族自治区	1.00	0.74
内蒙古自治区	1.06	0.99	海南省	1.06	1.10
辽宁省	1.31	1.23	重庆市	1.02	1.09
吉林省	1.12	1.06	四川省	0.94	0.98
黑龙江省	1.07	1.05	贵州省	0.85	1.11
上海市	1.60	1.69	云南省	0.62	0.78
江苏省	1.02	1.04	西藏自治区	0.74	1.04
浙江省	1.14	1.04	陕西省	1.01	0.90
安徽省	0.89	0.88	甘肃省	0.96	0.98
福建省	1.04	0.97	青海省	0.94	1.03
江西省	1.22	0.95	宁夏回族自治区	0.88	0.99
山东省	0.85	0.93	新疆维吾尔自治区	1.04	1.01
河南省	0.67	0.75			

数据来源：根据国家统计局《中国统计年鉴2001》和《中国统计年鉴2011》中的数据计算。

的区位商空间结构中，区位商大于1的省区为北京、上海、天津、辽宁等18个省市、自治区，其中北京、上海、天津、辽宁分列前4名。

综合2000年与2010年三次产业的就业结构的区位商统计结果可以发现我国三次产业的就业区位商的时空结构特点如下：

（1）第一产业就业区位商大于1的省区集中位于西南部地区、中西部地区和东北部地区，东部沿海地区较少；第二产业区位商大于1的省区集中位于东部沿海地区，中部地区较少，西部地区更少；第三产业区位商大于1的省区集中位于沿海地区和西部地区，中部地区较少。三次产业就业区位商的这种空间结构，总体上在2010年依然没有改变。与东部地区不同，中西部地区乡村工业起步较晚，农村剩余劳动力较多，就业的产业结构转变慢。

（2）三次产业就业区位商变化的总体趋势是东部沿海省区第一产业就业区位商逐渐降低，而第二产业就业区位商逐渐上升，第三产业就业变化不大；中部地区第二产业就业区位商逐渐上升，第一产业和第三产业变化不大；西部地区第一产业和第三产业区位商逐渐上升，第二产业变化不大。

（3）第一产业就业区位商变化较大的有：江苏（0.84→0.51）、浙江（0.76→0.43）下降较快。第二产业就业区位商变化较大的有：北京（1.44→0.73）、天津（1.82→1.43）、上海（1.90→1.31）下降较快；江苏（1.32→1.58）、浙江（1.37→1.67）、安徽（0.70→1.03）、江西（0.64→1.03）、河南（0.78→1.22）、重庆（0.68→0.994 827）存在较大幅度的上升。第三产业就业区位商变化较大的有：江西（1.22→1.01）、广西（1.01→0.74）有一定幅度的下降，西藏（0.74→1.04）上升较快。

2. 典型行业的区位商时空结构

根据行业的差异性和中国国情的特殊性，本书选取四个典型行业进行区位商省际旧差异的分析：建筑业，制造业，电子信息业和金融业。之所以选取这几个行业，是因为建筑属于劳动密集型行业，劳动力总量规模大（到1997年底，我国建筑业从业人员已经达到3 672

万人，其中农村建筑队人员占1/3，相当大一部分农民工是放下锄头就盖楼房)；制造业介于技术密集型与劳动密集型行业之间，人力结构体现了以中级人才为主体的特点；电子信息行业属于新崛起的高新技术产业，中等层次的人才占据行业人力结构的重心，高层次人才比例有所增加；金融行业属于资金和技术密集型产业，中层人才也占据行业人力结构的重心。

分行业分析中国省际产业就业区位商时空结构，可以判别典型行业在各省区就业中的贡献大小及区域集聚程度。从总体上看，我国从业人员分布在地区之间行业之间很不平衡。

表4—4显示，2010年中国行业就业区位商结构中，天津、上海、江苏、浙江、福建、山东、广东等七个省市的制造业区位商大于1，说明这七个省区的制造业就业具有较大的优势，成为拉动地区经济发展的重要动力和吸纳就业的重要渠道；浙江、重庆和四川的建筑业行业就业比重较高；北京信息业就业比重明显居于前列，区位商达到4.61，其他地区和北京在信息发展和就业人数吸纳方面差距较大，河北、江苏、福建、山东、河南、新疆等地区位商仅为0.5～0.6左右；与其他三个行业相比较，金融业的就业比重区域差异并不突出，除上海的区位商为2.08外，大多数地区区位商在1左右波动。而综合来看，行业就业区位商时空结构具有以下特点：(1) 制造业就业人数集聚于东部地区，中西部地区较为落后；(2) 北方地区建筑业的就业人数低于南方地区；(3) 信息业的就业人数地区分布较不平衡；(4) 金融业的就业比重区域差异较小。

表4—4　　中国典型行业就业区位商结构（2010年）

地区	制造业	建筑业	信息业	金融业	地区	制造业	建筑业	信息业	金融业
北京	0.60	0.61	4.61	1.11	湖北	0.89	1.46	0.73	0.97
天津	1.31	0.60	0.98	0.71	湖南	0.75	1.47	0.69	0.97
河北	0.84	0.65	0.62	1.21	广东	1.49	0.64	1.15	1.08
山西	0.64	0.65	0.74	1.03	广西	0.70	0.95	0.82	0.96

续表

地区	制造业	建筑业	信息业	金融业	地区	制造业	建筑业	信息业	金融业
内蒙古	0.54	0.62	1.19	1.22	海南	0.34	0.89	0.66	0.85
辽宁	1.00	0.65	0.91	1.06	重庆	0.82	1.96	0.79	0.87
吉林	0.79	0.54	1.45	1.14	四川	0.79	1.96	0.77	0.95
黑龙江	0.63	0.74	0.91	0.84	贵州	0.61	1.06	0.79	0.90
上海	1.31	0.32	1.40	2.08	云南	0.68	1.26	0.89	0.93
江苏	1.53	0.69	0.62	0.94	西藏	0.13	0.40	1.08	1.34
浙江	1.50	2.00	0.82	0.93	陕西	0.83	0.74	1.34	1.08
安徽	0.72	1.15	0.72	1.02	甘肃	0.71	0.79	0.86	1.15
福建	1.73	1.12	0.63	0.71	青海	0.61	0.88	1.09	1.20
江西	0.85	0.99	0.86	1.04	宁夏	0.67	0.47	0.88	1.22
山东	1.31	0.83	0.49	0.84	新疆	0.36	0.62	0.59	0.76
河南	0.75	1.27	0.50	0.83					

数据来源：根据国家统计局《中国统计年鉴 2011》中的数据计算。

二、产业结构偏离度的区域比较

在产品市场和劳动力市场都是完全竞争状态的假设条件下，劳动力在不同地区和不同产业之间可以自由进出，没有行政壁垒和制度障碍，理论上讲，劳动力资源在市场的调节作用下会自动达到均衡状态，不同产业的劳动生产率相等，从而各产业的结构偏离度也都收敛于零。现实经济中，由于产业发展的不平衡和劳动力市场发育不完善，各产业的就业构成均偏离于产值结构，我国东部、中部和西部三大经济带又呈现明显的区域差异。

（一）第一产业的就业结构偏离度区域比较

1985—2010 年之间，东部、中部和西部三大区域第一产业的就业人数比重均高于产值比重，而且结构偏离度比较大，2010 年三大地区的结构偏离度都在 0.18～0.35 之间（如图 4—1 所示），这说明我国普遍存在大量农村剩余劳动力向第二、三产业转移的压力，同时三大区域的第一产业结构偏离度在近十年来都呈现不断下降趋势，表明第一产业的就业压力得到一定释放。2000 年之前，中部地区和东部地区的第一产业结构偏离度基本一致，西部地区偏高；2010 年以后，东部与中部地区的差距逐渐拉开，农业剩余劳动力转出的压力和困境正在改善，与其他两个地区相比在就业结构优化方面具有比较优势。

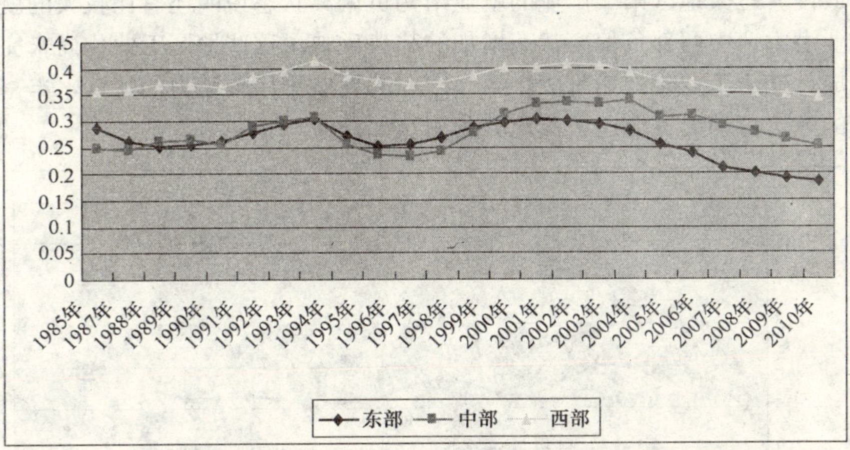

图 4—1　中国第一产业的就业结构偏离度的区域比较

数据来源：根据国家统计局历年《中国统计年鉴》《新中国 60 年统计资料汇编》整理而得。

（二）第二产业的就业结构偏离度区域比较

1985 年以来，东部、西部和中部三大地区的第二产业结构偏离度都呈现负偏离状态，2010 年负偏离程度从高到低依次是西部、中部和东部地区。东部地区与中西部地区呈现明显的区域差异，具体表现在：（1）2000 年以前东部地区和中西部地区的波动趋势基本一致，西部地区在 2002 年以后呈现更快的偏离趋势；（2）东部地区的第二产业的就业结构偏离度在 2000 年以后负偏离状态减弱。这主要是由于在三个地区第二产业的就业比重一致增加的趋势下，中部和西部地区的产值比重从 40%左右同步上升到 50%左右，但东部地区的第二产业产值比重却在 20 世纪以来一直保持在 55%左右的稳定水平，东部第二产业的劳动力吸纳潜力正在减弱，同时也意味着工业发展政策更多地集中于劳动密集型。同时，随着 1992 年国有企业内部劳动合同制从试点到全面推开，搞活国有企业成为整个经济改革的中心环节，劳动就业制度改革向前推进，国有企业释放出大量的剩余劳动力，东部地区的国企改革步伐更快，第二产业就业比重增加速度明显放慢。三大地区第二产业的就业结构负偏离状态说明还有比较大的就业潜力，中西部负偏离状态增加的趋势反映了这些地区工业化尚未完成，处于工业化加速阶段，第二产业的发展排斥劳动力的转入，丰富的廉价劳动力资源还未被充分利用（如图 4—2 所示）。

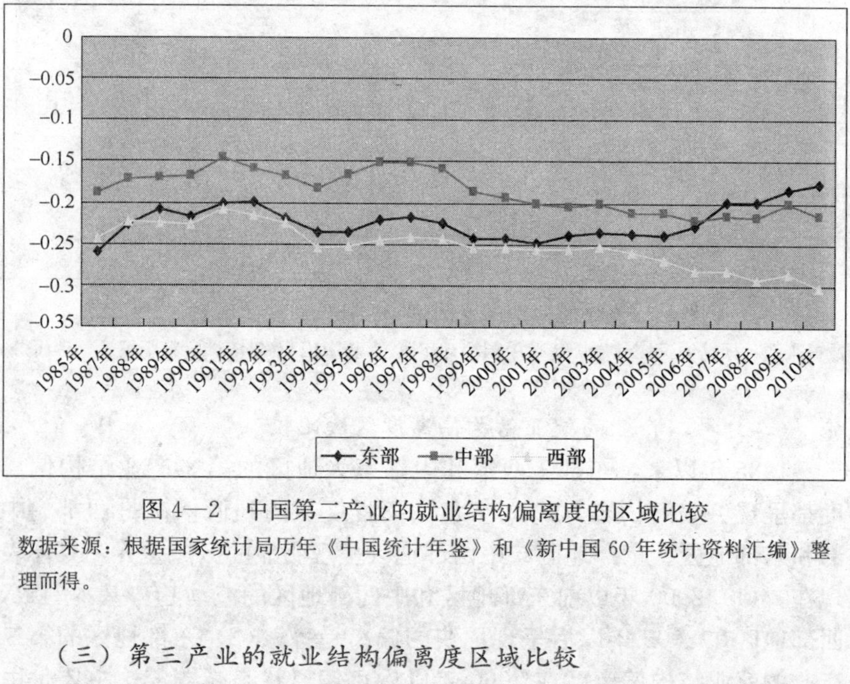

图 4—2　中国第二产业的就业结构偏离度的区域比较

数据来源：根据国家统计局历年《中国统计年鉴》和《新中国 60 年统计资料汇编》整理而得。

（三）第三产业的就业结构偏离度区域比较

1985—2010 年间，东部、中部和西部三大区域第三产业的就业结构偏离度均为负偏离，并且都呈现偏离程度上升—下降—上升—下降的波动状态，负偏离程度从高到低的依次是西部、中部和东部。具体表现为：（1）东部地区 2010 年的就业结构偏离度为－0.018，已接近于零偏离，这说明在未来一段时间内第三产业吸纳劳动力的能力有限，甚至有可能存在转移出劳动力的压力。根据配第—克拉克定律和库兹涅茨理论，随着一个国家或地区经济的增长，就业的产业结构会逐步由“一、二、三”向“三、二、一”转换。(2) 西部第三产业的结构偏离度与中部地区之间的差距不断缩小，到 2010 年二者之间的差距几乎为零。三大区域第三产业的就业结构偏离度都呈现趋于零的趋势，并不说明我国的第三产业已经步入成熟，反而意味着我国产业结构需要进一步调整，加大第三产业发展力度。当一个国家工业化进程完成和经济发展到一定阶段，国民消费服务的需求也随之增加，从而第三产业吸纳劳动力的空间扩大（如图 4—3 所示）。

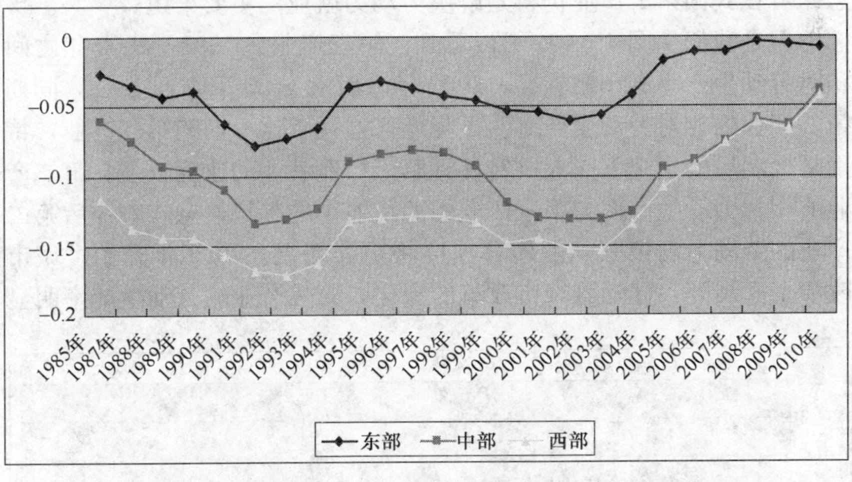

图 4—3 中国第三产业的就业结构偏离度的区域比较

数据来源：根据国家统计局历年《中国统计年鉴》《新中国 60 年统计资料汇编》。

三、三次产业相对劳动生产率的区域比较

（一）国内产业间相对劳动生产率的比较

1985—2010 年，受改革进程的影响，我国三次产业间相对劳动生产率水平的差异非常明显。从数值区间来看，第一产业的相对劳动生产率低于 1，而第二产业和第三产业的劳动生产率均高于 1，与国

外多数学者测算多国模型所得出的演变规律一致。从变动趋势来看，三次产业的相对劳动生产率均呈现下降趋势，第二产业的相对劳动生产率在1985—2002年比较稳定，基本略高于2，但2000年以后呈现明显下降趋势，从2.28下降到2010年的1.79，这说明第一产业和第三产业对劳动力有吸入效应，第二产业对劳动力有挤出效应。20世纪80年代早期的市场化改革主要在农村展开，农村改革使第一产业释放出巨大的能量，相对劳动生产率提高，到80年代后期，经济改革的重点转向城市，第一产业相对劳动生产率不断降低。第二产业的相对劳动生产率相当于第一产业的相对劳动生产率的3～5倍之间，意味着在我国第二产业仍将是解决劳动力就业的主要渠道。

但是我们从图4—4中可以看到，第三产业在1993—2002年之间相对劳动生产率有小幅提高，2002年以后从1.35下降到1.08，同期第二产业的相对劳动生产率明显降低，这说明这一期间第二产业，特别是改制后的国企下岗人员转移到第三产业就业的速度放缓。第二产业的相对劳动生产率与第三产业的差距缩小的趋势，意味着今后第二产业的劳动力向第三产业转移速度将更加缓慢。1990年开始，城市改革全面展开，伴随着城市改革的深化，第三产业的劳动生产率明显

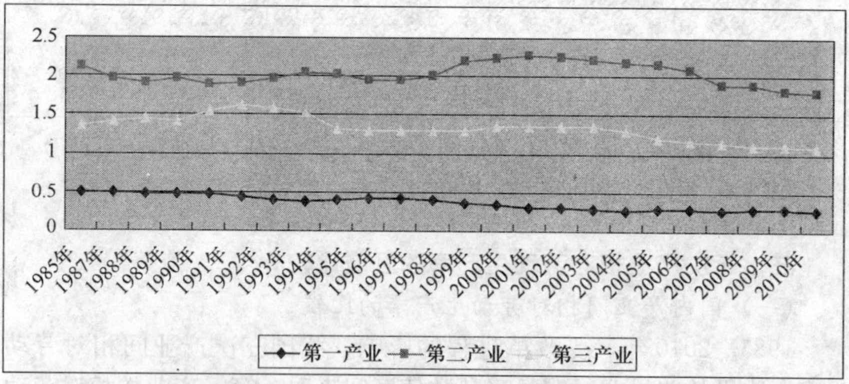

图4—4 中国三次产业的相对劳动生产率

数据来源：国家统计局. 历年中国统计年鉴，新中国60年统计资料汇编。

改善，与第一产业间的差别扩大。可见，劳动力在不断向第三产业转移，第三产业在解决就业方面起着主导作用，但从第三产业劳动生产率的变化轨迹可以看出，劳动力向第三产业转移的速度缓慢，吸纳其他部门劳动力的潜力力弱于第二产业。

（二）三次产业相对劳动生产率的区域差异特点

不同区域间三次产业相对生产率的比较呈现出以下特点：第一，三大地区三次产业的相对劳动生产率变动趋势均与全国三次产业的相对劳动生产率一致，即第二产业和第三产业高于第一产业，并呈现下降趋势，第一产业较稳定，因此第二产业和第三产业的相对劳动生产率差距有不断缩小的趋势。一方面，我国正处于工业化中期与城市化加速阶段，地级市范围内的农业劳动力不断向非农产业转移、农村劳动力不断向城市集聚，使得非农产业的产出效率明显高于农业产出效率；另一方面，随着国家城市基础设施建设和非农产业的发展，区域市场规模扩大，规模报酬递增，非农产业的劳动生产率与农业劳动生产率之间的区域差距将缩小。第二，东部地区第一产业相对劳动生产率与第二三业之间的差距明显低于中西部地区，说明中西部地区的二元结构经济特征更加突出。而且西部地区第一产业的相对劳动生产率仍有下降趋势，而东部地区 2005 年以后不断提高。西部地区第三产业的相对劳动生产率从 1991 年的 2.11 万元/人下降到 2010 年的 1.13 万元/人，对劳动力吸纳的能力减弱，而西部工业发展以资本密集型为主导，第二产业的相对劳动生产率仍居高不下。第三，在 1985—2010 年，特别是 1992 年以来，东部地区都是最具生产性的地区。从劳动生产率的绝对数值来看，东部地区这一指标要远高于中西部地区，地区间的差异从 20 世纪 80 年代末开始呈现一种渐进的扩大趋势。

（三）东部地区与中西部地区比较劳动生产率的区域差异形成的原因分析

首先，东部地区的人力资本比较优势明显，高素质劳动力的流入提高了东部地区劳动力的边际产出水平。由于东部地区高校数量和教育程度较高的技术人才较多，熟练劳动力的数量多于中西部地区，同时1992年以来在我国“孔雀东南飞”的人才流动大潮下，流入东部地区的劳动力以青壮年劳动力和受过较高教育的熟练劳动力为主，人均资本量也高于中西部地区，而中西部地区却大量熟练劳动力流失，使得东部的劳动生产率高于中西部地区。第二，良好的投资环境为东部地区赢得了资金比较优势。劳动力的流入进一步阻碍了资本向中西部的转移，而在东部地区更高的投资收益驱使下，中西部的资本甚至会发生一定程度向东部转移的现象。因此，资本密集型产业的发展提高区域间要素流动的收益，东部地区与中西部地区之间的区域差异加剧。第三，东部地区的技术创新领先于中西部地区。由于我国实行改革开放政策优先从东部沿海起步，东部沿海地区首先享受到投资政策、外商投资等优惠政策，促进了新技术的引进以及创新，资本的有机构成和要素回报率提高，这种至今仍保持的技术创新优势加剧了东部和中西部劳动生产率的差异。

四、三次产业就业弹性的区域比较

通过上述分析，可以看出我国三次产业的就业人数分布存在较大差异，进一步对三次产业的就业扩大能力的区域差异进行比较，分析三次产业增加值对就业之间的带动关系，需要通过就业弹性从区域经济和产业经济的角度，衡量不同地区三次产业创造就业岗位的能力。

（一）就业弹性的计量方法

就业弹性的公式如式（2—4）所示，但是只能计算每一年的弹性大小，无法反映就业吸纳能力的动态变化。由于产业产值和就业人数之间的关系散点图显示二者之间具有非线性关系，考虑通过构建产业产值与就业之间的回归模型式（4—4）更好地描述就业弹性的长期变化趋势：

$$E=\beta_0 G^{\beta_1}+e_\mu \qquad \text{式（4—4）}$$

通过两边取对数，模型转化：

$$\ln E = \ln\beta_0 + \beta_1 \ln G + \mu \qquad \text{式（4—5）}$$

其中：E 表示产业就业人数，G 表示产业增加值，β_1表示就业弹性，μ 为误差扰动项，系数 β_1 的经济解释含义就是当 GDP 增加 1% 时引起产值的变动程度。

由于三大地区内部各省（市）的经济结构与就业的产业结构具有较强的相似性，出于研究的方便，本书假设东、中、西部三大地区内各省（市、区）就业弹性相同，通过计算三大地区的三次产业就业弹性的估计值来比较不同区域三次产业就业吸纳能力的差异。以 1978—2010 年的三次产业就业人数和产值为样本数据，建立东、中、西部三大区域的三次产业就业弹性的面板数据模型：

$$Ln(E_{it}) = \alpha_i + \beta_i Ln(G_{it}) + u_{it} \qquad \text{式（4—6）}$$

其中，E_{it}、G_{it}分别表示第 i 个省（市）在第 t 年的三次产业就业人数和 1978 年为基期计算的可比价格的三次产业增加值；α_i 为个体影响，为模型中被忽略的反映个体差异影响的变量；u_{it} 为随机误差项。β_i 即为我们所要估计和分析的三次产业就业弹性。由于我国经济和就业增长的惯性等原因，各省（市）的时间数据存在序列相关，为减少自相关因素的影响和排除序列相关，采用广义差分法，在解释变量中加入自回归项（即 AR 项）。

本书构建三次产业的就业弹性面板数据模型考虑选取固定效应模型来进行参数估计。固定效应模型用常数来表示时期和个体遗漏对估计的误差扰动，而随机效应模型以随机变量来表示。一般来说，如果样本数据是随机抽取的截面单元时采用随机效应模型，由于本书东、中、西部三大地区的样本都包括各区域所包括的省（市），因此采用固定效应模型；另外 Hausman 检验结果为统计量的值 14.35，相对应的概率为 0.000 1，说明检验结果拒绝了随机效应模型原假设，应该建立个体固定效应模型。

（二）东、中、西部三大地区就业弹性的比较

根据模型式（4—6），利用 Eviews7.2 计算，分别得到东、中、

西部三大地区 1988—2010 年三次产业就业弹性的估计结果，见表 4—5。

表 4—5　我国东、中、西部三大地区三次产业就业弹性的估计结果

	东部地区			中部地区			西部地区		
	第一产业	第二产业	第三产业	第一产业	第二产业	第三产业	第一产业	第二产业	第三产业
就业弹性	0.013 (5.284 4)	0.425 (6.582 5)	0.628 (4.875 8)	0.054 (3.582 5)	0.234 (5.225 4)	0.410 (4.058 4)	0.026 (6.258 7)	0.219 (4.282 5)	0.455 (4.183 7)
R^2	0.725 2	0.869 9	0.994 6	0.895 7	0.884 6	0.760 4	0.985 2	0.792 8	0.998 5
adR^2	0.724 8	0.869 2	0.994 4	0.895 4	0.884 4	0.758 0	0.982 3	0.792 5	0.998 5

数据来源：根据国家统计局《中国统计年鉴 2011》计算。

注：括号中数值为估计参数的 t 检验值。模型估计中，为降低序列相关程度，在解释变量中加入 $Ln(G_{it})$ 的一期滞后项 $Ln[G_{it}(-1)]$。

从表 4—5 可以看出，面板数据计量模型具有较好的估计效果，就业弹性估计值均能通过检验。计量模型结果表明：东部地区与中西部地区的第二产业和第三产业就业弹性具有显著的差异，东部地区 1988—2010 年的就业弹性高达 0.628，在东、中、西部三大地区中最高，西部地区次之为 0.455，中部地区最低仅 0.410，可以说东部地区第三产业对劳动力就业的拉动作用最高，中部地区最小，西部地区居中，同时，计量结果表明中西部地区第二产业和第三产业就业弹性基本相近。与前一部分计算的经济总体就业弹性相比，东、中、西部三大地区第三产业就业弹性显著高于经济总体就业弹性，因为按照产业转移的一般规律，第一产业的就业弹性会不断降低，甚至出现负数。计量结果表明，我国 1978—2010 年东部地区经济总体和第三产业就业弹性均显著高于中西部地区，虽然西部地区就业弹性略高于中部地区，但没有本质差异，因此有必要对东部地区就业弹性显著高于

中西部地区的原因进行分析。

在我国，东部、中部和西部吸纳就业的能力差异主要是由于就业的产业结构的不同引起的，三大地区的第一产业的平均就业弹性均低于0.06，表示第一产业如果吸纳劳动力必然会导致效率的降低，“民工荒”现象中的农村剩余劳动力回流不利于经济发展。经济发达地区第三产业吸纳就业的能力明显高于经济落后地区。从1978—2009年改革开放32年来，我国东部、中部和西部的产业结构和就业的产业结构发生了巨大的变化，如表4—6所示。

表4—6 我国东部、中部和西部三次产业就业比重动态比较表①

单位：%

年份	东部地区			中部地区			西部地区		
	第一产业	第二产业	第三产业	第一产业	第二产业	第三产业	第一产业	第二产业	第三产业
1978	69.42	18.63	11.95	84.98	15.02	10.45	78.09	11.60	10.31
1990	51.30	26.82	21.88	60.06	22.94	17.00	73.91	11.47	14.62
2000	45.71	22.35	31.94	52.60	23.35	24.06	63.64	10.53	25.83
2010	29.23	28.44	42.34	35.68	36.41	27.92	49.92	16.02	34.06
2010年比1978年增加幅度	—40.19	9.81	30.39	—49.30	21.39	17.47	—28.17	4.42	23.75

数据来源：根据国家统计局《中国统计年鉴2011》计算。

表4—6表明，1978—2010年，西部地区第一产业就业比重降低幅度最小，不到30%。东部地区和中部地区第一产业就业齐头并进，东部第一产业就业减少40.19%，中部第一产业就业减少49.30%；东部和西部地区第二产业增幅较小，东部地区增长了9.81%，而西部地区只增长了4.42%。东部地区第三产业就业比重显著高于中西

① 资料来源：根据《新中国五十年统计资料汇编1949—1999》、2000—2011年的《中国统计年鉴》计算整理。

部地区，上升幅度也比中西部地区要快，超过30%，中部地区第二产业提高幅度超过20%。西部地区第二产业和第三产业没有形成协调发展，最终导致就业增长缓慢。可见，东部地区产业结构升级明显快于中西部地区。从第一产业就业弹性的变动趋势可以观察出第三产业就业人口向外转移的迹象。①

五、就业的产业结构的区域差异系数比较

要计算不同地区就业的产业结构与理想结构的距离或区域差异系数，首先要确定理想的就业的产业结构中三次产业的比例关系。对于理想就业的产业结构的选取，赛尔奎因和钱纳里等人借助多国模型提出的“产业结构标准模式”提供了很好的参考。“产业结构标准模式”将经济增长理解为经济结构的全面转变，是对大多数国家产业结构高度化演进的综合描述，包括产值结构的“标准结构”和劳动力就业的产业结构的“标准结构”（如表4—7所示）。我们把党的十八大报告中制定的我国现阶段中国的发展目标（即2020年实现人均国内生产总值比2000年翻两番）作为理想结构的人均GDP确定的依据。2010年中国人均GDP为30 567元（当年价格），扣除物价变动因素，相当于1980年的2 331.58元（以1978年为100，中国居民消费价格指数1980年为113，2000年为1 480.9，按照1980年人民币对美元的官方牌价为1.530 3∶1进行大致折算，② 2010年中国人均GDP折合为1980年美元约1 523.61美元）。按照党的十八大制定的奋斗目标，2020年中国人均GDP将达到3 047.22美元（1980年）。由于赛尔奎因和钱纳里标准模式中的人均GDP最高上限为4 000美元（1980年），因此，一般对我国就业结构优化程度进行测量时，可选择人均GDP为4 000美元时对应的就业的产业结构作为2020年中国理想的三次产业就业人数分布结构，该理想结构为 X_0 =（24.2，32.6，43.2）。

① 黎贵才. 增长与就业的动态结构分析［M］. 北京：经济科学出版社，2001：156.

② 资料来源：中国人民银行调查统计司。

表 4—7　　赛尔奎因和钱纳里模式的标准模式（1980 年美元）

人均 GDP 的基准水平	产业结构			就业的产业结构		
	第一产业	第二产业	第三产业	第一产业	第二产业	第三产业
300 美元以下	46.3	13.5	40.1	81	7	12
300 美元	36	19.6	44.4	74.9	9	15.9
500 美元	30.4	23.1	46.5	65.1	13.2	21.7
1000 美元	26.7	25.5	47.8	51.7	19.2	29.1
2000 美元	21.8	29	49.2	38.1	25.6	36.3
4000 美元	18.6	31.4	50	24.2	32.6	43.2

资料来源：Syrquin M. and H. B. Chenery，Three Decades of Industrialization [J]. The world bank economic reviews，Vol. 3，1989.

但是通过对我国历年各省（直辖市）区的就业结构数据初步分析发现，北京、上海、天津、浙江、江苏五地的三次产业的就业人数分布均优于理想结构 $X_0=$（24.2，32.6，43.2），尤其是北京和上海第一产业的就业人数占比均低于 5%，因此本书在对我国各省区进行就业的产业结构之间的横向比较中，采用我国发达地区的就业的产业结构作为参照结构计算其区域差异系数。1990 年、2000 年和 2010 年我国的各省（直辖市）区中分别为北京和上海的就业结构最为先进，1990 年北京三次产业的就业人数构成为（0.145，0.449，0.406），2000 年北京三次产业的就业人数构成为（0.117，0.324，0.559），而 2010 年上海三次产业的就业人数构成为（0.039，0.373，0.585）。因此，以 2000 年北京的就业结构为参照结构，以 2010 年上海的就业结构为参照结构，利用就业的产业结构区域差异系数计算公式（4—3），计算出 1990 年、2000 年和 2010 年各省（直辖市）区就业的产业结构与参照地区之间的距离，结果如图 4—5 所示。

通过对三个阶段代表年份的数据分析发现：（1）我国目前就业的产业结构的区域差异明显，1990 年区域差异系数小于 0.4 的地区只有北京、上海、天津、辽宁、黑龙江，而区域差异系数超过 0.6 的地

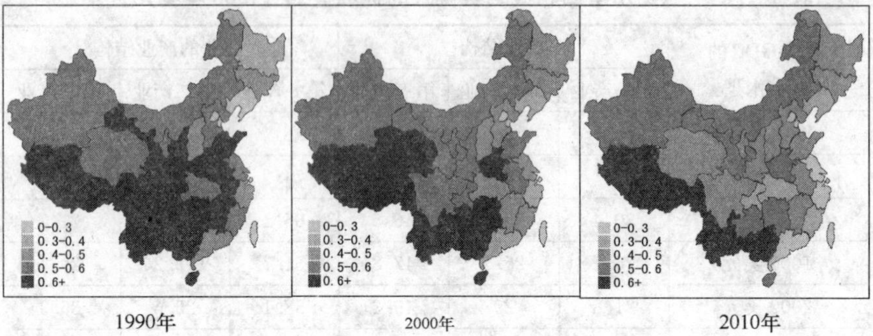

图 4—5　1990 年、2000 年和 2010 年各省区的就业的产业结构差异系数

区包括山东、陕西、江西、湖南等 14 个省区。与北京、上海等地就业结构较为接近的地区只有辽宁、黑龙江、吉林等省区，这是由于这三个省区作为东北老工业基地具有工业就业人口分布的优势。2000 年区域差异系数较小的地区包括辽宁、浙江、广东、江苏等地，可以看出沿海改革开放政策对于推动相关地区的就业结构优化有明显作用，而 2000 年区域差异系数较大的地区有云南、西藏、贵州、广西、青海、河南等 8 个省区。2010 年区域差异系数较小的地区除北京、上海、天津、辽宁外，还有浙江、广东、江苏、福建、湖北、重庆、山东等地，而区域差异系数大于 0.6 的地区只有西藏、广西和云南。因此，总体上来说，东部地区就业的产业结构更接近理想结构而优于中部地区，中部地区就业的产业结构又优于西部地区。（2）2010 年就业的产业结构接近于参照地区的省区明显增多，说明我国总体上就业的产业结构在不断优化，东部地区和四川省的就业结构优化速度较快。就业的产业结构较为先进的省区有北京、上海、天津、江苏、浙江和广东，这些地区的经济水平和城市化程度相对也较高。甘肃、贵州、海南、广西、西藏、云南等省区由于第一产业就业人数比例较高，因此就业结构的区域差异系数较大。

通过不同时期不同地区的区域差异系数这一指标，可以直观地刻画出就业的产业结构的区域间总体差异程度，而区位商、相对劳动生产率、结构偏离度等指标只能对三次产业的就业人数占比及其与该产业的产值占比匹配关系、就业吸纳能力分别进行分析，难以从总体上把握区域差异程度和反映其不同时期的变化过程。

第三节 本章小结

从地区就业的区域差异比较来看，与地区经济发展不平衡相联系，我国现阶段东、中、西三个地区的就业状况也存在很大的差异。区位商、区域差异系数、就业弹性、产业就业的产业结构偏离度和相对劳动生产率等指标在区域比较方面各有侧重点：区位商主要反映三次产业的就业人数在不同区域的集中程度，区域差异系数反映不同地区就业的产业结构与参照区域（一般是发达地区）之间的差距，就业弹性反映了不同地区三次产业分别具有的吸纳劳动力的潜力，结构偏离度反映不同地区就业结构与产业结构的偏离程度，相对劳动生产率主要用于不同地区三次产业的劳动生产率水平比较。这些指标的区域比较说明，东部省市区域的就业的产业结构明显优于其他地区，三次产业的相对劳动生产率和结构偏离度之间的差距均有缩小趋势。中西部地区的比例相对不很合理，虽然近年来第一产业的就业比重有所下降，但是城镇吸纳劳动力的能力没有东部强，导致农业部门就业人员的转移缓慢，这是中西部地区第一产业就业人数所占比例高的原因之一。就全国而言，就业人员在产业间发生了转移，大量的农业就业人员转向非农就业部门，但是第一产业的相对劳动生产率水平仍然较低，与第二、三产业之间的差距有扩大趋势，因此我国第一产业剩余劳动力转出的任务还很艰巨。

结果表明，我国不同区域之间就业的产业结构差距仍然很大，这种差距并不仅仅是区域的资源禀赋所形成，而是产业发展政策和劳动力流动特点共同作用的产物，特别体现在第一产业的就业规模上，因此国家应通过政策引导落后地区不断缩小与发达地区之间的差距，才能促进区域之间的协调发展和国家经济的持续增长。

第五章

区域就业的产业结构变动的收敛性检验

第一节　分析方法与数据资料

一、收敛性检验的基本方法

目前的研究不断探索能精准描述收敛过程的数学模型构建和实证分析方法，包括横截面回归（Cross-Sectional Regression）、面板数据（Panal Data）、单位根检验、时间序列及协整（Time-series co-integration）、概率收敛、动态收入分布法、空间计量经济学（Spatial Econometric Method），等等。[①] 其中，对于研究区域经济收敛问题的基本分析方法有统计指标方法、空间计量检验法、横截面数据回归分析方法、时间序列检验方法、面板数据模型方法[②]和非线性方法等。

（一）统计指标方法

统计指标描述法指通过多种衡量区域经济差距的统计指标进行统计描述和数量分析。这些统计指标主要包括：收敛系数（标准差和变

---

① Jülide Yildidm，Nadir öcal and süheyla özyildirim. Ineome Inequality and Economic Convergence in Turkey：A Spatial Effect Analysis ［J］. Intenational Regional Review，2009，32（2）：221-254.

② 金相郁. 区域经济增长收敛的分析方法 ［J］. 数量经济技术研究，2006（3）.

异系数）、基尼系数法和泰尔（Theil）指数法等。收敛是指不同经济系统间经济指标的离差随时间的推移而下降，许多学者都采用该指数初步分析地区经济的收敛情况。变异系数法的优点在于它能够很灵活地反映分布的两端，形成二者之间的鲜明对比。基尼系数法的优点在于能够用一个数值来反映差别的总体差距，并能够从构成角度分析差距的变动情况。但当基尼系数数值发生变化时，不能准确地判定到底是由哪个级别的变化引起的。相比较基尼系数法，Theil 指数法的优点在于它可以从不同的角度将样本分为不同的组别进行分析，由于这种方法中指标的可分解性说明了差距的来源及构成，因此本书采用其指标的可分解性来作为研究就业的产业结构的地区经济差距的收敛性检验方法之一。

（二）横截面回归分析方法

横截面回归分析方法是较早的检验经济增长收敛假说的实证研究方法，在绝对 β 收敛检验、条件 β 收敛检验以及俱乐部收敛检验等方面有着广泛的应用，尤其经常被用来进行俱乐部收敛的检验。并且通过探索影响经济收敛或发散的因素，来为政策制定提供有效建议。较早的检验经济增长收敛假说的计量方法基于横截面数据，并且运用 OLS 进行参数估计（Baumol，1986）。Barro 和 sala-i-Martin（1992）以美国 48 个地区的人均收入和地区生产总值为分析对象，通过把标准的 Ramsey 新古典增长模型人均产出水平的稳态方程进行对数化处理，进行了经济的收敛性检验。采用横截面分析法研究区域经济收敛存在一定的局限性，主要个表现在两个方面：①（1）横截面回归方法没有考虑到经济发展的时间趋势。尤其是经济体受到较严重的外部冲击时会使得经济增长偏离原来的稳态，基于这种非平稳性序列条件下所做出的不同时点的收敛性结论并不能真实地反映经济运行状态和发展路径。（2）横截面回归方法对于不同区域的收敛性检验主要基于区

① Quah，Danny. Empirics for Economic Growth and Convergenee［J］. European Economic Review，1996，Vol. 4（6）：1353-1375.

域间原始生产要素的同质性假设，忽略了经济主体的差异，反映的是观察期内整体经济变动的平均水平，而没有考虑到区域内不同经济体的动态变化和非均匀分布性质。而且假设各区域的经济发展是相互独立，互不影响，这与现实经济中各区域之间的空间依赖性特点是不符合的。（3）由于横截面单位的样本考察期短，带有较大的随机性和偶然性，收敛结论的可靠性降低。

（三）时间序列检验方法

时间序列检验方法从时间序列角度，采用随机收敛界定收敛（Bernard 和 Durlauf，1996）。[①] 随机收敛假设区域间的差异是一个稳定趋势，最终将随时间的推移缩小为零。在外部冲击条件下，这种收敛的稳态会被破坏，导致区域间的差异无法消失。时间序列检验法主要通过单位根检验和协整检验来验证不同经济体之间的收敛趋势。由于时间序列分析方法忽略了不同区域经济特征的异质性，减弱了时间序列分析方法的解释力度，因此采用时间序列分析方法进行收敛性检验的研究结论往往是呈现趋异趋势。

（四）面板数据模型方法

面板数据分析方法结合了时间序列分析和横截面分析法的优点，既考虑了个体差异和时间因素，通过面板数据单位根检验解决了横截面单位的异质性，又避免了时间序列分析中存在的解释变量遗漏问题，增强了解释力度和结论的准确性。因此，近年来更多地运用面板数据模型方法来进行地区经济变动的收敛趋势研究。

（五）空间计量检验方法

空间计量检验方法从空间计量经济学的角度研究经济收敛状况，主要运用于区域经济学的研究中。空间计量检验法引入空间权重矩阵来描述空间相互作用，反映了经济增长过程中区域之间的空间依赖性。空间计量检验方法的代表模型是空间滞后模型和空间误差模型

---

① Bemard A.， and S. N. Durlauf. Interpreting Tests of the Convergence Hypothesis [J]. Journal of Eeonometries，1996（71）：161-173.

(Rey 和 Montouri，1999)。[①] 考虑到物质资本和人力资本变化、技术进步、投资政策、国际贸易等因素对于区域间经济依赖性和空间溢出效应的影响，现有文献中的空间经济计量模型还加入了人力资本滞后变量（Lall，2001）、知识溢出效应（Carrington，2003）[②]、非农劳动力的迅速增长、制造业生产、资本存量及外商直接投资（FDI）(Ying，2003）等因素。[③] 空间权重矩阵设置的灵活性和多样性，有利于进一步分析区域经济变化过程中相邻地区的经济空间效应及其对经济收敛性的影响。因此，利用空间经济学研究区域间的要素流动和经济结构差异将会是经济收敛问题研究的新方向。

二、数据资料与分析指标选取

(一）区域划分和数据来源

为了能更好地分析我国就业的产业结构发展的区域差异，选择两个层次的地理区域概念作为分析基础：首先，由于多年来的区域经济政策基本上是按照三大地区格局进行，同时考虑到与以往的资料和研究成果的衔接和对比，本节以东部、中部和西部三大地区作为主要研究对象；[④] 其次，我国各省级行政区是相对独立的经济系统，因此作为区域就业结构差异研究的基本研究单元，本书中东部、中部、西部三大经济区共包括全国 29 个省级行政区。[⑤]

为了准确反映改革开放以来我国就业的产业结构区域差异的演变

---

① Rey，S. and B. Montouri. US Regional Ineome Convergenee：A Spatial Econometric PersPective［J］. Regional Studies，1999（33）：46-56.

② Anca Carrington. A Divided Europe? Regional Convergence and Neighborhood Spillovers Effeets［R］. KYKLOS 2003（56）：381-394.

③ Ying. Understanding China's Recent Growth Experience：A Spatial Eeonometric PersPective［J］. The Annuls of Regional Seience. 2001（37）：613-628.

④ 东部包括北京、天津、河北、辽宁、山东、上海、江苏、浙江、福建、广东、海南；中部包括山西、内蒙古、吉林、黑龙江、安徽、江西、河南、湖北、湖南；西部包括广西、贵州、云南、陕西、四川、甘肃、青海、宁夏、新疆。

⑤ 由于西藏数据缺失严重，因此统计分析中未包括西藏；同时，由于重庆只有 1997 年以后的数据，因此将其数据加入到四川省进行分析.

轨迹，采用 1988—2010 年的三次产业的产值和就业数据。1988—1998 年的数据来源于《新中国六十年统计资料汇编》，1999—2010 年的数据取自历年的《中国统计年鉴》。①

（二）衡量指标的选择和计算方法

如何衡量经济发展过程中的就业的产业结构动态调整过程中的地区差距，是就业的产业结构变迁的收敛效应定量研究的关键，现有涉及经济结构因素对地区差距影响的研究主要基于新古典理论框架，使用的是静态经济结构指标，只能反映静态经济结构对地区差距的作用，并不能揭示经济发展过程中部门间生产要素重新配置的动态调整过程对地区差距的影响。三次产业的相对劳动生产率是衡量就业的产业结构的基本分析工具之一，因此本书将三次产业的劳动生产率作为就业的产业结构区域收敛检验的度量指标。

消除价格变化对各地区生产总值的影响，可以更准确地反映就业的产业结构的区域差异及其变动趋势，因此本书各地区的实际生产总值是名义生产总值经过平减之后得到的，即名义生产总值除以基期的生产总值平减指数后得到实际生产总值。其计算公式如下②：

$$G_i(t)=G_i(t_0)\times X_i^E(t) \qquad \text{式 (5—1)}$$

其中，t_0为基年，$G_i(t)$ 是按照基年不变价格折算地区 i 在第 t 年的生产总值，$G_i(t_0)$ 为 i 地区 i 基年的实际生产总值，$X_i^E(t)$ 是地区 i 在第 t 年的生产总值指数。

由于所有的数据来源均没有提供生产总值的平减指数，因此在结合《中国统计年鉴》数据的基础上，按照当年价格计算的生产总值指数和按照可比价格计算的生产总值指数构建了隐含 GDP 平减指数 (implicit GDP deflator)，实际生产总值是以 1978 年为基期的生产总值指数进行价格平减后而得。

① 以上资料中缺漏的数据来自于中华人民共和国国家统计局网站：http//www. states. gov. cn/.

② 计算公式来源于：胡鞍钢，邹平. 社会与发展——中国社会发展地区差距研究[M]. 杭州：浙江人民出版社，2000.

第二节　泰尔指数检验

一、泰尔指数及其分解

泰尔（Theil）指数又称泰尔熵，最早是由泰尔于 1967 年率先提出。可分解性是区域经济差异变动研究中评价不平等状态的一个很重要的标准，泰尔指数是唯一满足可分解性的一类不平等测度指标。泰尔指数可以分解为组内差异和组间差异，从而便于考察和揭示组内差异和组间差异各自的变动方向和变动幅度，以及各自在总差异中的重要性及其影响。

泰尔指数的计算公式为[①]：

$$T=\sum_{i}\sum_{j}\left(\frac{G_{ij}}{G}\right)\times\ln[(G_{ij}/G)/(E_{ij}/E)] \qquad 式（5—2）$$

区域就业的产业结构分析中，T 为泰尔指数，测度三次产业就业区域总体差异；i 表示按地域特征划分的组数（$i=3$，分别指东部地区、中部地区和西部地区）；G_{ij} 为第 i 地区中第 j 省区的三次产业的产值；E_{ij} 为第 i 地区中第 j 省区的三次产业就业人数；G 为全国的三次产业总产值；E 为全国的三次产业就业总人数。

对泰尔指数进行一阶段分解，就可以把总区域划分为不同的区域组，将全国总体差异分解为东部、中部和西部三大区域间的差异和三大区域内各省之间的差异，从而进一步分析群体差异、区域差异及其对区域总体差异的影响。

第 i 区域内各省间的差异可以表达为：

$$T_{pi}=\sum_{j}\left(\frac{G_{ij}}{G_i}\right)\ln[(G_{ij}/G_i)/(E_{ij}/E_i)] \qquad 式（5—3）$$

各区域之间的差异可以表达为：

---

① Henri Theil. Economics and Information Theory［M］. Rand Mc Nally and Company，1967.

$$T_{BR}=\sum_{i}\left(\frac{G_i}{G}\right)\ln[(G_i/G)/(E_i/E)] \qquad 式（5—4）$$

因此，泰尔指数可分解为计算式：

$$T=T_{BR}+\sum_{i}\left(\frac{G_i}{G}\right)T_{pi} \qquad 式（5—5）$$

式 5—5 表明我国省区就业的产业结构差异可以分解为区际差异和区内差异之和。泰尔指数 T 越大，就表明各区域间经济发展水平差异越大；反之，泰尔指数 T 越小，就表明各区域间经济发展水平差异越小。对泰尔指数进行分解，可以进一步从差异的区域构成和区域内差异的变化来揭示中国区域经济差异变化的区域构成以及区域内各省经济发展差异的变化过程。

二、三次产业就业的区域差异分析

（一）全国各区域总体差距分析

对三次产业历年的全国总体差异状况走势进行分析，可以看出：在 1988—2010 年间，三次产业中第二产业的总体区域差异最大；我国第二产业和第三产业的泰尔指数总体变化较大，其中，第二产业全国总体差异的变化趋势为 1988—2004 年差异扩大，但 2005 年以后较大幅度缩小；第三产业的就业总体差异也是呈现上升—平稳—下降的变动趋势，从 2002 年以后地区差距趋于平稳缓慢缩小。第二产业和第三产业所呈现的地区差距变动态势与我国经济发展的地区差异趋势基本相一致，呈现倒“U”形状态（见图 5—1）。中国地区经济差距在 1980 年以后呈现缓慢下降趋势，1990 年以后迅速扩大，在 2000 年以后又逐步缩小（刘树成，张晓晶，2007）。[①] 第二产业就业的总体区域差异逐渐缩小的主要原因是东部和中部地区内部差异的下降，特别是东部地区的内部差距缩小幅度较大，从 2005 年的最大值为 0.35 到 2010 年已经下降为 0.278，下降幅度为 22.8%。而第三产业

① 刘树成，张晓晶. 中国经济持续高增长的特点和地区间经济差异的缩小 [J]. 经济研究，2007：17-31.

的总体差异在1988—2000年持续上升，2001—2010年趋于平稳且略有下降。这是由于改革开放初期我国第三产业在地区间发展不平衡，东部地区服务业发展速度较快，但随着我国农村劳动力的大规模流动和大部分服务业的行业门槛较低，中西部地区的第三产业生产效率也迅速提高，因此呈现出与东部地区收敛的趋势。

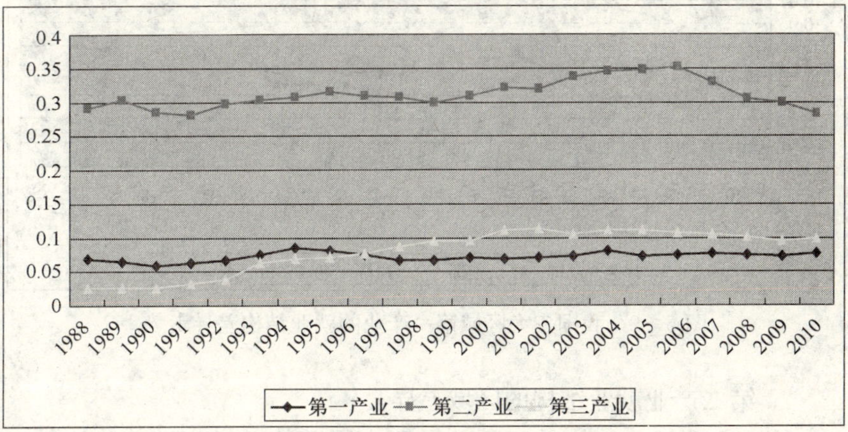

图5—1　三次产业的就业结构总体差异

（二）三次产业就业结构的区域差距分析

1. 第一产业就业结构的区域差异

第一产业的就业结构区际差异在1988—1997年之间波动较大，在1998年以后趋于稳定。在三大地区中，东部地区的区内差异最小，并有逐渐缩小趋势，说明东部各省（市）区就业的产业结构有收敛趋势，发展比较平衡。而中部和西部地区的区域内差异变化波动较大，尤其是西部地区的区域内差异在2002年以后逐渐扩大，2001年开始实施的国家西部大开发政策对西部各省区的影响并不平衡，四川、陕西和贵州等省区的农业劳动力转移规模最大，尤其是四川省1992年第一产业从业人数达到4 332万人，而1992年以后的就业人口大幅下降，2010年下降为2 142万人（包括重庆以后总就业人数为2 713

万人），第一产业就业规模减少 37.37%（将重庆就业人口也计算在内）。而云南、广西、甘肃、新疆等地第一产业就业人口并没有减少，反而略有增加（见图 5—2）。

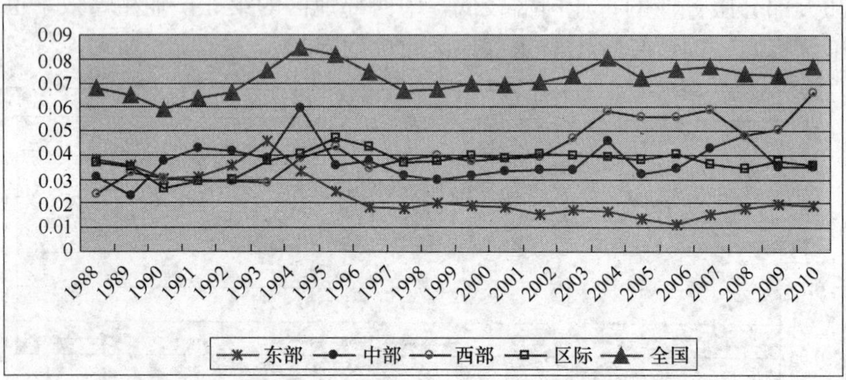

图 5—2　我国三大区域第一产业的就业结构差异走势

2. 第二产业就业结构的区域差异

第二产业就业结构的区际差异和全国总体差异变动趋势比较一致，以 2004 年为分水岭，2004 年以后区域差异不断缩小。工业的区域布局具有两个特点：一是受自然空间的约束比较小，二是布局的可游离性。近年来原材料制约对工业区域布局的影响日趋弱化，为原材料短缺的地区发展原材料加工工业提供了机遇，同时随着技术进步与扩散，高科技产业与高新创业园也在各地大量涌现。区域工业布局从由资源禀赋起决定作用（例如采矿业、原材料初加工工业）发展到技术进步起决定作用（例如深加工的加工制造业、高新技术工业等），工业结构中资源密集—技术、资金密集—知识集约的高度化过程对就业结构的区域布局也产业深远影响。

三大地区中东部地区的区域内差异 1996 年之前有较大幅度下降后波动趋于平稳，但从平均值来看，东部地区仍然是最高的，远远大于中、西部地区，这从一个侧面反映了东部各省之间工业经济发展程度差异较大，从而对第二产业的投入力度也不同。2010 年，山东、江苏、辽宁等省区的第二产业固定投资占全部固定投资比例均在45%以上，而北京、上海和海南等省（市）区的第二固定投资比例仅为 30%以下，北京只有 10%。中部的区域内差异不断缩小，而西部地区的区域内差异却呈现出不断扩大的态势。四川、陕西、广西、云南等地的第二产业就业规模都在持续增加，但西部其他地区的就业人数没有太多变化（见图 5—3）。

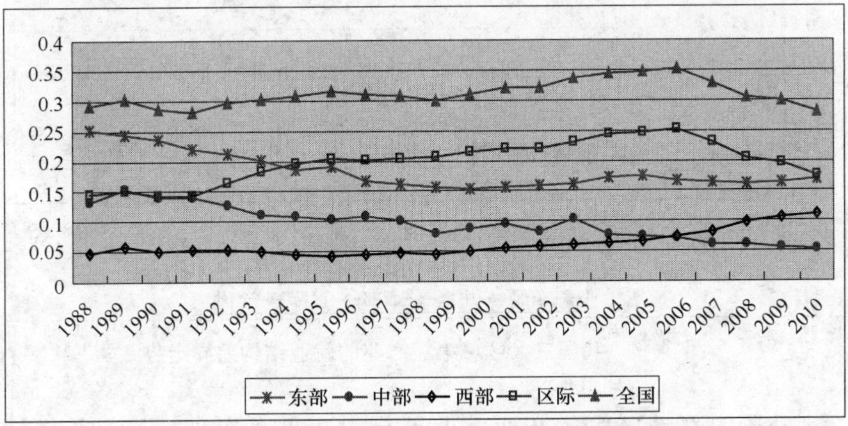

图 5—3　我国三大区域第二产业的就业结构差异走势

3. 第三产业就业结构的区域差异

从图 5—4 可以看出，三大地区间的区际差异，总体呈现“上升—平稳”的态势，区际差异的变动和全国总体差异的变动基本一致。在三大地区中，第三产业的就业结构的区域间差异在 2001 年以前明显增大，但从 2002 年以后差距开始缩小，各区域内的差距逐渐趋同。区域间的差异主要体现在东部与中西部之间的差距逐年扩大，2010 年东部地区第三产业产值分别为中、西部地区的 2.01、5.90 倍。2002 年以后东部地区各省区第三产业发展的区域差距日益缩小，呈现“俱乐部收敛”现象。西部地区变化幅度不大，在一个稳定的变化区间中波动，并且西部地区泰尔指数起落的时间和全国泰尔指数变化的时间基本一致，这意味着西部地区依靠国家西部大开发战略的实施，基础设施得到优先发展，并且得到国家一系列的包括财政转移支付在内的扶持和支持的政策，这使得对基础设施依赖度极高的交通运输业、仓储业、住宿和餐饮业等第三产业获得了快速发展，从而缩小了西部地区内部第三产业就业的省际差异。

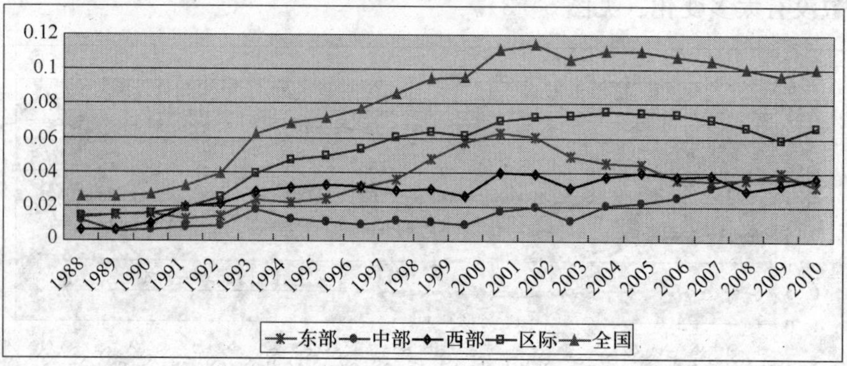

图 5—4　我国三大区域第三产业的就业结构差异走势

我国中部地区第三产业就业差异一直低于东部地区，并且从1990年开始低于了西部地区，总体而言，中部地区第三产业就业差异是最平稳的，但从2002年以后中部地区的区域内差距却在扩大，与三大区域间差距走势相反。2010年，河南省人口占全国总人口比重为7.01％，但第三产业固定资产投资占全国第三产业固定资产投资的比重为4.53％，湖南则是3.39％的人口占有4.97％的固定资产投资，可以看出，中部地区经济发展相对较快的地区，以较少的人口占有较多的服务性产品，这从一定程度上加剧了第三产业就业的不平衡性。

三、三次产业就业差异的分解

通过对全国第三产业就业差异进行分解，可以进一步分析三大地区间以及三大地区内部三次产业就业差异对全国总体差异的影响程度。因此根据泰尔指数的计算公式（5—5），定义区域间差异贡献率为$\frac{T_{BR}}{T}$，而分别定义东、中、西部地区的区域内贡献率为$\frac{G_1}{G}\times\frac{T_1}{T}$，$\frac{G_2}{G}\times\frac{T_2}{T}$和$\frac{G_3}{G}\times\frac{T_3}{T}$。其中，$T_1$、$T_2$和$T_3$分别为东部、中部和西部的区域内泰尔指数。三大地区区域内差异及区域间差异对三次产业就业结构总体差异的贡献率见表5—1。

表5—1　三大地区区域内差异及区域间差异的贡献率

年份	第一产业				第二产业				第三产业			
	东部	中部	西部	区域间	东部	中部	西部	区域间	东部	中部	西部	区域间
1990	0.12	0.21	0.18	0.49	0.41	0.18	0.06	0.35	0.16	0.07	0.11	0.66
1995	0.05	0.12	0.14	0.69	0.32	0.13	0.05	0.50	0.11	0.05	0.15	0.69
2000	0.03	0.10	0.12	0.75	0.25	0.11	0.07	0.57	0.20	0.06	0.14	0.60
2005	0.01	0.07	0.13	0.78	0.27	0.09	0.09	0.55	0.12	0.09	0.14	0.65
2010	0.02	0.06	0.11	0.81	0.33	0.09	0.10	0.48	0.12	0.13	0.14	0.61

由表5—1可以看出，我国不同地区的区域内差异和区域间差异对我国就业的产业结构总体差异的影响程度是不同的。三次产业中的总体差异都是大部分受到三大地区区域间差异的影响。第一产业的区域间差异对总体差异贡献较大，因此第一产业在三大区域内出现"类间趋同，类内分层"的现象，而第二产业和第三产业的区域间差异贡献相对小一些。通过对区域内差异对总体差异的影响进行比较可以发现，东部地区的第二产业区域内差异对我国第二产业总体差异影响最大，而西部区域第三产业区域内差异对我国第三产业总体差异影响最小。三大区域就业的产业结构发展的区域内（省际）差异总体上是在不断缩小的。

第三节　σ 收敛性检验

一、收敛指标的确定

σ 收敛假说最接近现实中我们对经济增长收敛的直观理解，它是指随着时间的推移以标准差度量的不同经济体之间人均产出水平的离散程度指标逐渐减小。从理论上来讲，在完全竞争市场、同质劳动力和规模报酬不变的假设下，如果地区之间没有要素禀赋的差异，经济活动在空间上将呈现出均衡分布，那么由此可以推断地区间的就业的产业结构应该趋同或者收敛。但是在实际经济生活中，区域间劳动力要素禀赋和产业发展政策方向的差异都在一定程度上影响区域就业的产业结构收敛或异化，以及收敛的范围和程度。

Cuadrado、Roura 等（1999）和 O'leary（2003）认为就业的产业结构变迁是否具有收敛效应，可通过比较总体劳动生产率收敛（发散）和部门劳动生产率收敛（发散）的差异给出判断，如果总体劳动生产率收敛比部门劳动生产率收敛明显，或总体劳动生产率发散弱于部门劳动生产率发散，则说明就业的产业结构变迁具有收敛效应。

一般 σ 检验用样本标准差来度量不同经济体之间的人均产出绝对水平的离散程度。为了避免标准差绝对数值对收敛性分析的偏差影响，这里以变异系数作为测度 σ 收敛的指标，即：

$$\sigma_t = \frac{\sqrt{\frac{1}{N}\sum_{i=1}^{N}(p_{i,t} - \frac{1}{N}\sum_{i=1}^{N}p_{i,t})^2}}{\frac{1}{N}\sum_{i=1}^{N}p_{i,t}} \qquad 式（5—8）$$

其中，$p_{i,t}$ 为 i 地区 t 年的劳动生产率。

σ 收敛检验的检验方法是：σ 指数逐渐减小说明收敛，相反说明异化。以 σ_t 代表时间 t 时，跨地区劳动生产率的变异系数（或标准差），如果发生了 $\sigma_{t+1} < \sigma_t$，则说明收敛存在。如果在年份 $t+T$ 满足：$t+T < \sigma_t$，则认为这 N 个地区之间具有 T 阶段的收敛。如果对

于任意年份 $s<t$，均有 $\sigma_s<\sigma_t$，则认为这 N 个地区之间具有一致的 σ 收敛性。收敛（异化）速度用 σ 指数的年平均变化率反映。如果总体劳动生产率 σ 指数下降速度大于部门劳动生产率 σ 指数下降速度，或总体劳动生产率 σ 指数上升速度小于部门劳动生产率 σ 指数上升速度，则说明就业的产业结构变迁具有收敛效应。劳动生产率为增加值与就业人数之比值，

值得注意的是，σ 收敛性假说中没有涉及经济体的任何初始条件和结构特征。因此，σ 收敛性比较接近绝对 β 收敛假说。如果存在 σ 收敛性，那么不同经济体之间的发散性减小，使得不同经济的人均收入水平表现出收敛趋势。其中，一致 σ 收敛是对绝对 β 收敛的最强要求，它强调了收敛过程中的严格单调性。Barro（1995）指出，绝对 β 收敛假说与 σ 收敛假说具有某种内在的关联性。一般认为绝对 β 收敛假说是 σ 收敛假说的必要非充分条件。

二、检验结果分析

本节主要检验我国 29 个省、市、自治区就业的产业结构是否存在 σ 收敛性，利用 1985—2010 年我国省际劳动生产率标准差反映相对差异的变化，获得如图 5—5 所示的 1985—2010 年之间的省际之劳动生产率标准差时间序列图。可见我国自改革开放以来，省际劳动生产率的差异总体上处于持续波动的状态，仅从这一角度考察，我国各地区间就业的产业结构变迁差异在 2002 年后的确呈现了比较明显的 σ 收敛现象，而第二产业在 2004 年后表现出地区间结构差异缩小。

对三次产业劳动生产率 1985—2010 年收敛趋势进一步分析，将变迁过程分为三个阶段：1985—1991 年、1992—2001 年、2002—2010 年。从不同时期劳动生产率 σ 指数的变动速度上看（如表 5—2 所示），第一阶段中，三次产业劳动生产率都呈现为发散趋势，尤其是第一产业发散速度较大程度地快于第二产业和第三产业。这主要是由于第一产业就业比重较大，造成了第一产业劳动生产率 σ 指数对总体劳动生产率 σ 指数的贡献较大，29 个省（自治区、直辖市）

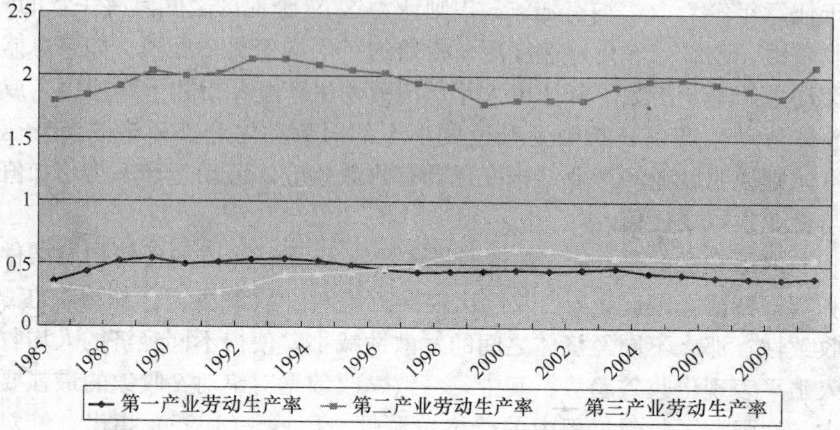

图 5—5　三次产业劳动生产率 σ 收敛（发散）趋势

1985—1991 年的平均第一产业就业比重都在 50%以上；1992—2001 年，第一产业和第二产业都呈现收敛趋势，而第三产业表现出较快的发散速度，远高于第一二产业劳动生产率的收敛速度；2002—2010 年，在第一产业和第三产业劳动生产率收敛的情况下，第二产业劳动生产率呈现较弱的发散趋势。所以，可以判断中国就业的产业结构变迁具有收敛效应，如果没有结构变迁收敛效应的作用，中国的地区差距将会更大。

表 5—2　σ 收敛（发散）速度　单位：%

	1985—1991 年	1992—2001 年	2002—2010 年
第一产业劳动生产率	6.97（0.49）	−1.93（0.47）	−1.04（0.43）
第二产业劳动生产率	2.66（1.96）	−1.91（1.96）	1.50（1.91）
第三产业劳动生产率	0.49（0.28）	6.52（0.51）	−1.12（0.56）

注：括号中数值为年平均变异系数。

数据来源：根据国家统计局《中国统计年鉴 2011》计算。

第四节　β 收敛性检验

一、模型的构建

（一）检验绝对 β 收敛的计量模型

通常，绝对 β 收敛指每一个经济体的经济指标都会达到完全相同的稳态增长速度和增长水平。绝对收敛的计量检验方程是通过增长率对常数项和初始收入水平进行回归，初始收入水平的回归系数（通常用 β 表示）显著为负就表明存在地区之间收入水平存在绝对 β 收敛。较早的经济增长收敛检验模型依据新古典模型提出，经济增长收敛表现形式为初始条件较好的经济体的增长速度较慢，初始条件较差的经济体的增长速度较快（Baumol，1986）。Atkins 和 Boyd（1998）提出简化的收敛模型，来检验跨区域经济增长是否存在绝对 β 收敛的收敛性。对于检验我国区域就业的产业结构的收敛性，可以构建绝对 β 收敛的回归方程如下：

$$\frac{1}{T}\ln\frac{SD_{i,t+T}}{SD_{i,t}}=a_0-\frac{1-e^{\beta T}}{T}\ln SD_{i,t}+\varepsilon_{it} \quad 式（5—9）$$

这里，a_0 为常数截距项，其取值大小仅依赖于期初的就业结构与产业结构的总偏离度，与其他参数无关。$SD_{i,t+T}$ 和 $SD_{i,t}$ 分别表示区域 i 期末和期初的就业结构与产业结构的总偏离度，即 T 表示时间跨度，ε_{it} 为随机扰动项。参数 β 表示收敛速度，也称为收敛率，β 的估计值大于 0（回归结果系数小于 0），则表明区域间存在绝对 β 收敛，也就是说，区域之间的就业的产业结构差异正在逐渐减小。反之，如果参数 β 的估计值小于等于 0（回归结果系数大于 0），则表明区域之间的就业的产业结构不存在收敛。

（二）检验条件 β 收敛的计量模型

由于区域之间就业的产业结构的收敛趋势不仅仅取决于初期的产业劳动生产率，而且还依赖于包括人力资本、资源禀赋、要素流动、产业结构在内等其他经济变量，[①] 条件收敛模型在绝对 β 收敛检验方程的基础上引入了上述体现经济结构和特征的变量，具体回归方程如下：

$$\frac{1}{T}\ln\frac{SD_{i,t+T}}{SD_{i,t}}=a_0-\frac{1-e^{\beta T}}{T}\ln SD_{i,t}+\alpha X_{it}+\varepsilon_{it} \qquad \text{式（5—10）}$$

式中，X_{it} 表示使得经济体 i 处于均衡稳态水平的一组控制变量集合。条件收敛检验方法意味着，区域之间的收敛性与控制变量集合 X_{it} 以及初始产业就业人数在总就业人数中所占的比例都存在相关关系，因此在条件 β 收敛模型中，参数 β 度量的实质上是一种条件收敛性，即参数 β 的大小依赖于控制变量的差异，意味着不同经济体收敛于各自的稳态，而这种稳态之间的差异在长期内也不会消失。条件收敛模型运用于地区之间就业的产业结构收敛的检验中，可以检验各产业就业的水平分布和结构份额在地区间是否也存在这种收敛的趋势。本书通过测定东部、中部、西部三大区域划分下的中国区域就业的产业结构的收敛性及收敛速度，以此来对区域演变趋势进行预测。

二、检验结果分析

由于通过运用面板数据进行实证研究，不仅可以扩大样本量，而且可以增加自由度和减少自变量间的多重共线性的影响（Hsiao），[②] 本书考虑利用中国 1985—2010 年的面板数据，以避免截面数据个体异质性和样本容量不足的问题，来检验我国三次产业在东部、中部和西部的水平分布和结构份额在 1985—2010 年是否具有差异性，即三次产业的就业的产业结构是否具有 β 收敛性。为了消除国家在不同时期实施的区域经济发展战略和劳动就业政策不同带来的影响，保证面板模型估计的稳健性，把整个样本时间进一步划分为若干较短的时间区间，用每个时间段的平均值作为变量值，分别进行估计。时间段的

---

① 刘树成，张晓晶. 中国经济持续高增长的特点和地区间经济差异的缩小 [J]. 经济研究，2007（10）：17-31.

② Hsiao Cheng. Analysis of Panel Date [M]. Cambridge University Press，2003.

划分主要依据样本数据时间跨度的大小，没有固定的标准，如 Islam（1995）等划分为 5 年一段，Rivera 和 Currais（2004）等划分为 4 年一段。根据 σ 收敛检验结果，将样本分为 3 个时间段，具体是 1985—1991 年、1992—2001 年、2002—2010 年。

（一）全国区域 β 收敛性检验

由于我国“九五”时期和“十五”时期在“区域经济协调发展，逐步缩小地区发展差距”方针的指导下，调整了地区投资结构，这使得地区就业的产业结构差距趋于缩小。采用混合面板数据回归方法的检验结果见表 5—3。

表 5—3　　中国区域就业的产业结构 β 收敛性检验结果

时间段	常数		β 系数		adR^2	DW 值	F 值
	数值	t 值	数值	t 值			
1985—1991 年	−0.094	−11.001	0.083	3.107	0.263	1.789	9.650
1992—2001 年	−0.010	−1.875	−0.118	−5.341	0.514	1.826	28.525
2002—2010 年	−0.016	−2.122	0.035	3.296	0.272	1.507	10.862

数据来源：根据国家统计局《中国统计年鉴 2011》计算。

三次产业在不同时间段各地区的收敛状况可以从回归系数或 β 所显示的正负方向看到。由表 5—3 可以清晰地看出，1985—1991 年，全国区域就业的产业结构呈现微弱的收敛态势，收敛速度为 0.083；而在 1992—2001 年，则呈现发散态势，发散速度较快，为 0.118；2002—2010 年，我国区域就业的产业结构的总体差异在缩小，收敛速度为 0.035，其原因是三大地区内部就业的产业结构的区域差异在不断缩小，尤其是东部地区内部差异在迅速缩小。

通过对典型行业就业人数所占比重的 β 收敛性深入分析，可以发现，β 符号为正的主要有制造业、建筑业和住宿餐饮业，这些行业在各个地区总就业人数中所占的份额具有一致倾向，在地区间的分布呈现收敛的趋势，结构收敛速度最快的是建筑业和制造业，速度分别达到 0.465%和 0.443%。与此相反，采矿业、信息传输、计算机服务和软件业、批发零售业、金融业和房地产业在地区间结构比重的差异扩大，尤其以信息业、金融业的结构比重差异扩大速度最快，分别是0.343％和0.307％。2009年上海、江苏、浙江三个地区的信息业就业人数比重占到全国信息业就业人数的12％，占三个地区总就业人数的比重也达到6.6％，[①] 可见信息业已成为我国人才集聚的典型代表性行业。也有部分行业如交通运输业等收敛系数β为正，但是检验结果不十分显著，说明该行业在地区间的水平分布差异也在逐渐扩大，但是扩大的趋势不是十分明显（见表5—4）。

表5—4　典型行业区域就业的产业结构β收敛性的检验结果

行业	1985—1991年		1992—2001年		2002—2010年	
	β系数	adR^2	β系数	adR^2	β系数	adR^2
采矿业	0.075 5	0.243 3	−0.006 4	0.343 8	0.012 2	0.567 6
制造业	−0.074 3	0.544 5	0.046 5	0.266 5	−0.020 3	0.543 3
建筑业	0.050 3	0.464 3	0.044 3	0.263 6	0.019 9	0.343 6
交通运输、仓储和邮政业	0.043 2	0.533 5	0.002 1	0.167 3	0.011 2	0.453 2
信息传输、计算机服务和软件业	−0.054 3	0.474 3	−0.034 3	0.256 8	−0.012 1	0.378 2
批发和零售业	−0.034 2	0.489 2	−0.028 7	0.247 5	0.013 3	0.332 1
住宿和餐饮业	0.023 4	0.375 2	0.016 5	0.386 9	0.018 7	0.267 1
金融业	0.054 2	0.644 5	−0.030 7	0.634 3	−0.020 6	0.454 5
房地产业	0.012 3	0.456 8	−0.032 1	0.433 9	0.019 8	0.368 1

数据来源：根据国家统计局《中国统计年鉴2011》计算。

（二）东、中、西部区域间β收敛性检验

东部、中部和西部区域之间的β收敛性检验也大体相同，在1992—2001年，呈现发散态势，速度为0.215，大于全国发散速度，

① 国家统计局. 中国统计年鉴2010［M］. 北京：中国统计出版社，2011.

在2002—2010年，为收敛状态，但小于全国的收敛速度。结果显示，我国东部、中部和西部三大地区间的差距虽然在缩小，但在近几年速度有所放缓，差距仍然很大（见表5—5）。

表5—5 中国东部、中部和西部三大区域间就业的产业结构β收敛性检验结果

时间段	常数		β系数		adR^2	DW值	F值
	数值	t值	数值	t值			
1985—1991年	−0.019	−2.703	−0.084	−4.763	0.957	1.804	22.187
1992—2001年	−0.005	1.647	−0.215	−2.109	0.552	1.355	4.231
2002—2010年	−0.018	−1.585	0.031	2.711	0.745	1.153	2.928

数据来源：根据国家统计局《中国统计年鉴2011》计算。

现阶段我国三次产业就业在三大区域之间无论是水平分布还是结构份额的变动趋势都表现出较大的差异性。不同行业特点的差异会影响区域间的劳动力分布敛散程度不同，运输成本高的行业更趋向于各地区间分散布局，这类行业的区域结构收敛有利于满足本地市场发展和解决就业问题的需要；而资源密集型行业（如采矿业等），由于地区资源禀赋条件的不同，在资源丰富地区集中生产能够实现规模化效益，但目前来看，我国钢铁、水泥、焦炭等行业这些行业的区域布局却相对分散，出现重复建设、生产规模小和地区产能过剩的现象，因此造成区域间就业分布的收敛趋势。

（三）东、中、西部区域内部β收敛性检验

为了便于更准确地观察近期我国东部、中部和西部三大地区的区域内部就业的产业结构的敛散性，选取2002—2010年时间段进行β收敛性检验，检验结果（见表5—6）显示，我国三大区域内部都有收敛趋势，但收敛速度不同，收敛速度由低到高依次为：中部地区—西部地区—东部地区。东部地区的各省份收敛趋势较为显著，而中部和西部内部收敛趋势较弱，区域差异仍然处于较大水平。

表 5—6 2002—2010 年中国东部、中部和西部三大区域内部就业的产业结构β收敛性检验结果

	常数		β系数		adR^2	DW 值	F 值
	数值	t 值	数值	t 值			
东部地区	0.354	7.446	0.074	3.757	0.474	1.375	1.634
中部地区	0.257	4.666	0.004	4.374	0.377	1.744	5.775
西部地区	0.377	4.737	0.012	7.745	0.445	1.374	0.334

数据来源：根据国家统计局《中国统计年鉴 2011》计算。

三大区域内部收敛性表现为各省（直辖市）的差异，值得强调的是，要区别对待不同特征行业所呈现的就业的产业结构收敛性。2009 年，广东省制造业从业人数达到近 440 万人，占全国比重上升为 13.1%，而海南仅为 7.4 万人，可见广东省逐步成为制造业的集聚中心，而海南等地区的同行业发展速度则与集聚中心的差距日益扩大。

第五节 区域差异分析和收敛性检验的结论与启示

根据前面章节对我国就业的产业结构演进历程的整体分析，基于三次产业的就业结构偏离度、劳动生产率和就业弹性的区域差异以及对就业的产业结构区域收敛性检验研究，得出的基本结论是：

1. 三大区域就业的产业结构与经济增长之间的均衡方向存在不一致。

从长期均衡看，西部地区整体资本形成总额的经济贡献度不佳，东部地区处于相对的劳动力资源稀缺阶段，劳动的经济增长效应比较显著。东部地区就业的产业结构指标和经济增长之间存在长期正向均衡，优于中西部地区。从短期均衡看，劳动力资源的短期作用方向在西部地区差异较大，就业的产业结构效率变化的滞后项对经济增长的作用方向差异也较大。中部地区就业的产业结构规模指标的变动与经济增长的相关性较高。综合来看，就业的产业结构的经济增长效应，

东部代表省份优于中部地区代表省份、中部地区代表省份优于西部地区代表省份。

法国经济学家弗朗索瓦·佩鲁的“发展极”理论认为，主导产业和具有创造能力的行业会优先集中在经济相对发达地区，形成“发展极”，再通过其吸引力和扩散力不断增大自身规模，带动与“发展极”相对应的外围地区的发展。但是在中国，东部沿海地区经济发展到一定的阶段后，并没有实现产业升级和向技术密集型或服务业转型，这些地区的一些劳动密集型产业较少向中西部地区转移。中西部地区流入到东部地区的劳动力基本是青壮年，造成中西部产出效率高的劳动力更为匮乏，东部地区资本要素与西部地区流入的劳动力要素相结合为东部创造了更多的经济财富，导致东部沿海地区和中西部地区收入差距和经济发展的差距逐步扩大。

东部地区的经济迅速发展，但形成“发展极”应有的凝聚经济效果，也没有大量地将劳动密集型产业向中西部地区转移，主要原因有三个方面：一是我国各地区产业结构的区域差异小，尤其是中部地区和西部地区的产业结构几乎相同，区域间的竞争有可能加剧了中西部各级政府的地方贸易保护主义，阻碍了东部地区劳动密集型产业向本地转移。二是我国东南沿海地区的劳动密集型产品以出口外销为主，其竞争优势为低廉的劳动力成本，如果将生产企业转移到内陆地区，所产生的运输成本就抵消了劳动力成本优势，降低国际竞争力。三是东部地区由于拥有不断从中西部地区输入的劳动力供给，因此没有给当地企业形成提高劳动工资的压力，仍然保持较低的生产成本，到中西部地区投资和设立生产厂家并不能获得太大的劳动力成本优势，因此缺乏动力将劳动密集型产业转移到内地。

2. 我国就业的产业结构整体水平显著提高，但呈现区域内不平衡的趋势。

首先，东、中、西三大区域内部的就业的产业结构差异梯度明显，说明我国区域经济发展和国家宏观经济布局及产业政策密切相关。东部沿海省份作为改革开放的先行地区，表现出大量劳动力流入的极化特征。在完善的市场经济条件下，如果人均产出或收入的地区差距大，就会促使落后地区的居民通过用“脚”投票的方式向较为发达的地区迁移；而资本（假设其他条件不变）则向低劳力成本的地区流动，从而区域差距缩小。而西部地区的发展主要受国家西部大开发战略投资力度的影响，不断强化地方政府与中国家之间的依附关系。在某种条件下，高度集中统一的资源配置机制对双方都有利，但却会导致西部地区市场治理机制的形成和演进面临着更多困难，劳动力资源分配的区域差异更为明显。其次，从区域就业的产业结构差异的泰尔指数分解可以看出，三大地区就业的产业结构的区域内部差异比区域间差异更大。从区域差异的变化看，东部地区差距从 1999 年到 2010 年明显变大，中、西部地区差异的波动性更加大一些，但是在整体上差异基本稳定，东部地区就业的产业结构差异有可能继续扩大，国家区域经济政策的制定需要寻求更能体现“类内趋同、类间分层”特点的区域布局。

3. 东部地区和西部地区将有各自的就业的产业结构收敛趋势。

首先，由于产业结构调整和经济布局调整，部分劳动力密集行业逐渐向我国中西部转移，同时中西部地区工业化进程逐渐加快，劳动力输出数量有所减少，给东部地区带来用工压力。由于农民外出打工与就地就近打工和务农比较利益出现变化，外出打工所获收入与就地就近打工和在家乡务农综合性收益相比相差无几，已经难以满足农民外出打工的心理预期，因此很多人选择放弃外出务工，转而选择就地就近打工或在家乡务农。随着劳动力就业的产业结构的变化，新生代农民工对外出打工的心理诉求更加全面，要求更高，除了获得应有报酬外，如果其他需求难以满足，他们也会放弃外出务工；同时，劳动力素质结构不适应部分地区产业产品升级换代的需要，也造成一些地方技工短缺。城乡分割管理体制尚未完全打破，农民工融入城镇的不便以及用工双方、劳动力输出地和输入地信息沟通不够通畅，也助长了“用工荒”。在这种背景下，越来越多的农民选择留在生活成本较为低廉的原籍务工，而非东部沿海城市。这种劳动力回流的背后，彰显的是东西部工资收入愈发趋同。国家统计局的调查发现，西部地区吸纳农民工的能力继续增强。2012 年在东部地区、中部地区和西部地区务工的农民工人数比 2011 年增长率分别为 2.7%，6.0% 和 6.2% 。[①] 而 2014 年在全部农民工中，在东部地区、中部地区和西部地区务工的人数分别比 2012 年增长 1.6%，1.6% 和 3.1%。在西部地区务工农民工增速较快，主要由于就近就地转移加快，与 2013 年相比，西部地区本地农民工增长了 4.1% 。[②]

其次，用工紧张现象的长期存在，将更有力地倒逼东部企业的转型升级，将劳动密集型企业、中低端制造业将从东部向中西部转移，而在本地区发展附加值高、对外来务工者需求量相对较小的高利润产业。中西部地区由于仍将保持一段时间工资相对低廉的优势，可以承接沿海地区转移的劳动密集型产业，并将逐渐成为新的制造业中心。十余年前，富士康就开始在深圳以外的地区谋划企业布局，从最初的沿海城市逐渐向中部、西部地区扩展，目前已经在大陆拥有近 20 座大型工业园区，员工总数超过 80 万人之多。“用工荒”将促进中国进入产业产品结构大调整、经济布局进一步优化的阶段，推动我国企业调整转型，向先进制造业和服务业转型，依赖劳动力的低端产业将会逐渐被淘汰，从而带动经济转型和社会进步。

第六节　本章小结

本章利用泰尔指数的可加分解性，对我国就业的产业结构的区域差异变动情况进行了测度，并以新古典经济学的收敛理论为基础，对我国就业的产业结构的区域差异进行 σ 收敛性检验和 β 收敛性检验。检验结果表明，我国区域第三产业发展的总体（省际）差异是不断缩小的，但这是由于三大地区内部差异的不断缩小所引起，而三大地区

① 国家统计局农村司. 2012 年农民工监测调查报告。

② 国家统计局农村司. 2014 年农民工监测调查报告。

之间的差距则不断扩大，尤其是东部与中、西部之间的差距越来越大。三次产业间的就业的产业结构差异变动表现为：1985—1991 年，三次产业劳动生产率都呈现为发散趋势，尤其是第一产业发散速度较大程度地快于第二产业和第三产业。这主要是由于第一产业就业比重较大，造成了第一产业劳动生产率 σ 指数对总体劳动生产率 σ 指数的贡献较大。1992—2001 年，第一产业和第二产业都呈现收敛趋势，而第三产业表现出较快的发散速度，远高于第一二产业劳动生产率的收敛速度；2002—2010 年，在第一产业和第三产业劳动生产率收敛的情况下，第二产业劳动生产率呈现较弱的发散趋势。所以，可以判断中国就业的产业结构的地区差异总体有缩小的趋势。

β 收敛性检验结果我国区域就业的产业结构的总体差异在缩小，其原因是三大地区内部就业的产业结构的区域差异在不断缩小，尤其是东部地区内部差异在迅速缩小。而我国东部、中部和西部三大地区间的差距虽然在近几年速度有所放缓，但差距仍然很大，1992—2001 年之间较大的发散速度后随之而来的 2002—2010 年的收敛趋势，反映了我国经过一个劳动力流动加快区域差距扩大的过程，而通过劳动力市场的不断发育和建设，发达地区的生产活动和人力资本向外围地区转移扩散，又促进了地区之间就业的产业结构收敛。我国三大区域内部都呈现显著的收敛态势，但收敛速度不同，收敛速度由低到高依次为：中部地区—西部地区—东部地区。各个地区的收敛速度充分体现了地区间差异，这启示政府决策部门在制定产业政策和劳动力流动和就业政策和相应的措施时，必须考虑空间作用机制对就业结构的异化作用，同时经济个体的特质差异使得实施相同的经济政策，其政策效果也会存在地区差异。

第六章

中国就业的产业结构区域差异的形成机理

第一节　中国各地区就业的产业结构差异性的影响因素

一、自然因素

1. 地区的要素禀赋特征对就业的产业结构的影响

赫克歇尔——俄林贸易理论认为，如果两个地区的要素禀赋特征没有差异，即二者所拥有的不同生产要素的相对比例相同，在生产要素价格均等的前提下，产业的经济活动会在各个地区均匀地分布。然而，现实经济中地区之间历史发展状况和要素禀赋都存在不同程度的区域差异，并且由于要素极化式聚集、规模经济效益、技术扩散等外生因素的影响，产业结构和就业结构会还趋于集中分布，表现为地区之间结构差异扩大。

首先，就业的产业结构的形成，来源于产业或行业在地区间已经形成的生产布局。由于各个地区在要素禀赋和基础设施的差异，各个行业在我国各个省份形成了已有的生产布局，或集中或分散。如烟草加工业就主要分布在我国云南省，云南省的烟草加工业产出份额历年来一直占全国的20%以上，这是因为我国烟草种植主要分布在云南省，所以其建立加工业具有得天独厚的条件；而非金属矿物制品业则在各个地区分布较为平均。这两个行业都属于资源主导型产业。

其次，受区域之间距离所形成成的运输成本影响，某一产业或行业的就业人口在一些地区集聚。韦伯把运输成本作为决定工业区位的首要关键因素，提出了最小运费原则，即企业应该选择在运费最低的地方进行生产，究竟是靠近原料产地还是消费产地，取决于运输成本的对比。克鲁格曼也指出，在运输成本很高时，产业部门会选择靠近消费市场的区位，产业均匀分布；随着运输成本的下降，某地区会成为集聚中心，而其他地区则沦为外围；当运输成本进一步降低，产业又会趋于分散化。在我国现有地区之间运输条件存在差异的状况下，一般而言，企业会更倾向于选择运输条件好的地区进行生产销售活动，因此运输条件的改善会有利于就业的产业结构的优化。例如，对于非金属矿物制品业来说，由于原材料在我国各个地区都有分布，考虑到运输成本大，所以形成了现有的分散的生产布局，进而使得非金属矿物制品行业就业人数占比的地区间差异较小，形成收敛的趋势。

2. 人口和劳动力因素对就业的产业结构的影响

就业的产业结构的差异性源于区域间劳动力资源分布的差异性。就业的产业结构差异性是劳动力资源分布的非均衡必然结果。人口年龄结构的变化使我国就业的产业结构偏向老化，老龄产业和服务业的就业需求增加：人口质量的提高使就业人员中专业技术人员的比重增加、使就业的行业分布发生变化；人口的城乡结构变化使我国城市就业人员增加。人口因素的变化与我国经济发展和产业结构的变动密切相关。

（1）人口年龄结构

人口年龄结构是指不同年龄段人口在总人口中的百分比结构。劳动力人口是指劳动年龄人口中具有劳动能力的那部分人口，它既包括劳动年龄人口中正在从事社会劳动并取得报酬或有正当收入的就业人口，也包括劳动适龄人口中具有劳动能力的失业人口。因此，人口的年龄结构，特别是劳动年龄人口在总人口中的比重将对就业人口的供给规模和年龄结构产生直接影响。

人口年龄结构对就业的产业结构的影响主要表现为对就业人口的年龄结构和就业者行业结构的影响。目前，我国人口年龄结构已经表现出老龄化现象，人口老龄化趋势逐渐加快。按照国际通用的人口年龄构成标准，65 岁以上人口占总人口的 7%（或者 60 岁以上人口占总人口的 10%以上），即为老年型人口结构类型。我国第六次人口普查结果显示，60 岁及以上的人口为 14 408 万人，占总人口的 11.03%，65 岁及以上的人口为 10 045 万人，占总人口的 7.69%，我国已进入老年型社会的行列。预计到 2025 年，我国老年人口将猛增至 2.8 亿，将成为高度老龄化的国家；而到 2040 年，我国劳动年龄人口中 45 岁以上的比重将上升为 37%左右。① 人口老龄化会导致中国就业人口平均年龄的持续提高。当劳动年龄人口比重偏高时，人口年龄结构较轻，社会负担较小，为老年人和儿童服务的行业和就业相对较少，工业、建筑业等需要大量劳动力的部门劳动力供给充足，基础设施建设也能积极开展，社会生产将受惠于劳动力资源的充裕。特别是当劳动年龄人口中青壮年劳动力较多时，就业的年龄结构较轻，劳动生产率高，劳动力成本相对较低，给经济发展带来巨大的“人口红利”。改革开放以来，随着经济社会的发展，我国劳动年龄人口比例显著提高，为我国经济发展提供了充足的劳动力供给，储蓄率也一直保持在较高的水平，人口年龄结构为我国带来了丰厚的“人口红利”。然而，由于计划生育政策及我国人口结构的改变，劳动力供给长期大于需求的格局正在逆转，劳动年龄人口增长速度逐年下降，“人口红利”将逐渐消失。人力资源和社会保障部 2012 年 6 月 4 日公布的《2011 年度人力资源和社会保障事业发展统计公报》显示，2011 年全国农民工总量为 25 278 万人，比上年增加 1 055 万人，其中外出农民工数量为 15 863 万人。1 055 万人的新转移农村劳动力数量相当可观。但据北京大学光华管理学院副教授章铮分析，这部分新

① 杨宜勇. 人口老龄化背景下我国就业政策与人口政策的完善 [J]. 中国金融，2008 (7)：45-47.

转移的劳动力绝大部分是40岁以上的中老年农民工。这表明，农村剩余劳动力蓄水池并不像想象中那样充足。

同时，人口老龄化要求调整现有的产业结构，从而对就业人员的行业结构产生影响。当劳动年龄人口比重偏低，人口年龄结构老化时，社会负担将相对较大，劳动力市场的就业供给相对缺乏，农业、建筑业等需要大量体力劳动的行业就业相对紧缺。老龄产业的发展将带动老龄产业的就业，使就业的产业结构出现新的特点。随着人口老龄化进程的加快，老年人口的消费需求和服务需求将大幅度增加，如老年护理、老年娱乐和老年产品等，以满足老年人的多样化需求。从行业来看，与老年人和老龄产业相关的各个行业和部门就业人数将大大提高；从三次产业来看，老年服务业的发展将促进第三产业就业人数显著增长。人口老龄化将带动老年产业和健康产业的发展，增加这些行业对于劳动力的需求，吸引更多的劳动力到这些行业就业。老年产业和健康产业的发展还会带动金融、保险、医疗服务、文化娱乐等劳动密集型服务行业的发展，因此，大力发展这一行业可以有效增加第三产业的就业规模，逐步改善中国第三产业就业比例不高的现状。

(2) 人口质量

人口质量对就业的知识结构、行业结构等将产生影响。人口质量越高，则劳动力素质也相对较高，高学历、高技术的劳动者在劳动力总人口中的比重也越大，越有利于创新性行业、技术性行业等资本密集型和技术密集型行业的发展，进而使就业的产业结构中相关行业的就业人数和就业比重增长。从20世纪80年代初开始，学者开始担忧中国会由于计划生育政策而出现“人口逆淘汰”现象。但是，实证研究表明，30多年来中国人口素质不但没有出现下降的趋势，反而日益得以改善和提高。[①] 新中国成立以来的六次人口普查表明，中国人口的受教育程度已经得到了明显地提高，文盲人口逐步减少，文盲率

① 翟振武，侯佳伟. 人口素质逆淘汰：一个没有事实根据的假说 [J]. 中国人口科学，2007 (1).

逐渐降低，各种受教育程度人口在逐渐增加。然而，人口质量的提高并不是无代价的，必须对人进行人力资本投资，投资的途径主要有教育、培训、医疗保健和迁移，其中，教育和培训是人力资本投资最主要的方式，人口平均受教育年限的增长将使人口质量得到有效提高。中国近些年来教育事业发展迅速，义务教育基本上达到百分之百的普及，普通高校在校学生和毕业生均有大幅度增加，这为智力资源和人力资本的积累以及自主创新提供了良好的条件。随着教育事业的发展，我国受高等教育的人数和比例都有显著增长，劳动力素质明显提高，各类技术人员在就业人口中所占的比重增大，低技术就业人员的文化程度也有所提高。通过高校扩招，增加了教育投资，拉动了教育消费，从而也促进了教育事业、餐饮服务、交通运输、出版印刷等相关教育服务业的发展，直接或间接地创造了大量就业岗位。

（3）人口城乡分布

从动态的发展过程来看，人口城乡结构的变动与城市化水平、产业结构和就业的产业结构的变动密切相关。首先，城市化就是以农业为主的就业人口逐步向非农业就业人口为主的转移和集中的过程，其转移速度越快，转移比例越高，则城市化水平越高。其次，产业结构的调整和升级表现为第一产业产值（就业）比重的下降、第二产业和第三产业产值（就业）比重的提高，产业的转移也将要求人口由农村向城市转移。城市化的推进将促进产业结构和就业的产业结构的优化，而产业结构和就业的产业结构的合理调整同样需要以城市为载体，以城市化为依托，并对城市化的发展起着积极的促进作用。总之，经济的发展、产业结构的升级和城市化水平提高，劳动力将逐渐由农村向城市，由第一产业向第二、第三产业转移。表现为农村人口减少，城市人口增加；农业就业人口减少，非农业就业增加。1958年，我国开始实行“户口登记条例”，逐步实行了“非农业人口”和“农业人口”两种身份制，农民的自由流动和迁移被禁止，城市和农村之间形成了一道难以逾越的鸿沟，就业的城乡结构自然转换也被终止。改革开放以后，户籍管理和劳动就业制度有所松动，农民被允许进城务工经商，在城市中从事非农业工作。随着城镇建设规模的扩大，以农民工为主的建筑队开始在城市从事建筑工作；东部沿海地区经济的快速发展，也创造出了大量工作机会和就业岗位，农民逐渐涌向东部打工，从事制造业、加工业等。从全球工业化发展历程中可以看到一个十分明显的共同现象，那就是工业和服务业在农村很难发展起来，只有在城市才能获得迅速的发展。因为城市的人口集中和产业集聚能够产生规模经济效益，城市化过程中工业和服务业的发展能够创造更多的就业机会。

二、经济因素

1. 产业结构

在诸多影响因素中，产业结构是影响我国就业的产业结构演变的重要原因，产业结构及其演变决定了就业的产业结构演变，同时也对就业的产业结构的其他方面产生影响。配第—克拉克定理、库兹涅茨的研究、钱纳里的研究、“二元经济”理论等都表明，就业的产业结构会随着产业结构的变动而发生相应变化，特别是三次产业的就业的产业结构，直接受到产业结构的影响。随着社会的发展，社会需求会发生相应变化，从基本的生存性需求向更高层次的服务性需求转变，因此，产业结构也将相应发生改变，即从以农业为主的产业结构向以服务业为主的产业结构转变。产业结构对区域就业的产业结构的作用机制表现在以下几个方面。

首先，产业结构的调整，必须通过改变投入各部门的生产要素分配得以实现，劳动力作为生产要素中最重要的因素，也必然发生变化，劳动力在产业部门中的重新配置过程就形成了就业的产业结构演变。我国产业结构的变动带动了就业的产业结构的发展，产业的地区分布、城乡分布、技术分布等决定了就业的产业结构的相应分布情况。产业结构为劳动者就业提供了物质基础，三次产业的结构分布决定了劳动者就业的产业结构。产业结构的发展对我国就业的城乡结构也产生了影响。产业结构的发展促使农村剩余劳动力向城市流动，从而带动了城市化的发展，使城市就业人数逐渐增加，城镇就业增长率不断上升。产业发展为经济发展、城市的扩张以及与农业、工业服务配套的服务业带来了巨大的就业需求。

其次，产业结构的发展还促使我国就业的区域结构发生相应变化，东、中、西部地区就业的产业分布都表现出第一产业就业比重下降，第二产业、第三产业就业比重上升的趋势。东部地区第一产业就业比重下降速度最快，西部地区其次，中部地区下降最慢。从第二产业就业变化来看，东部地区上升最快，其次是中部地区，西部地区第二产业就业比重上升最慢。从第三产业就业变化来看，西部地区上升最快，东部地区其次，中部地区上升最慢。东部地区的就业分布从“一三二”变为“三二一”的格局；中部地区和西部地区的就业分布始终为“一三二”的格局，但是中部地区第二产业和第三产业的就业比重差距要小于西部地区第二、第三产业就业比重差距。

第三，产业的区域布局对农村劳动力的区域转移产生重要影响。东部地区制造业及与之相关的服务业发展较快，能够为流入劳动力提供较多的就业岗位，而中西部地区农业产值在地区生产总值所占比重较高，经济发展水平较为落后，对剩余劳动力的就业吸纳能力就弱于东部地区。随着计划经济体制向市场经济的转型，服务业不再是计划经济时期所认为的不创造价值的产业，西部地区的第三产业也得到快速发展。但是与国有经济集中和投资优先的第二产业相比较而言，以中小企业为主体的第三产业发展受到限制。因此，当东部地区经济发展到一定阶段，进一步促进相关产业在东部沿海地区和中西部地区之间的转移，是国家促进就业机会的区域平衡和就业的产业结构优化的宏观调控方向。

2. 投资

投资对于就业的产业结构的影响就是投资的就业效应。凯恩斯在《就业、利息和货币通论》中通过乘数论阐述了增加投资对于减少失业、摆脱经济不景气的重要作用。哈罗德—多马模型指出，投资在经济增长中有决定作用，投资增加能扩大产能，从而实现就业的增加，因此必须通过投资的增长促进经济增长以实现充分就业。钱纳里的

“两缺口”模型（1966）也指出引进投资可以促进一国经济发展，增加就业。我国学者对于投资的就业效应存在不同观点，一种观点认为投资对就业总量有积极的促进作用（于爱晶，周凌瑶，2004），另外一种观点认为在技术进步、投资的使用方向和投资乘数大小等因素的影响下，投资增长对就业的拉动效应在快速下降。我国学者的研究指出，投资于不同行业将产生不同的就业效应，从而对就业的产业结构产生影响。某些行业的投资不仅不能带来就业的增长，甚至对就业有排斥作用。蔡昉等（2009）指出，投资于不同产业的就业效应存在巨大差异，如果按照产业的就业拉动效果安排投资结构，创造的就业岗位最多。

投资将对相应部门的就业产生影响，因此，政府的投资决策必须充分考虑不同部门的就业效应。国内许多研究指出，外商直接投资对我国就业的产业结构有一定影响。王燕飞、曾国平（2006）认为FDI对就业有两方面的影响：通过资本供给的增加实现企业的扩大再生产，从而扩大对劳动力的需求；通过技术、培训、外溢等方式增加产业内的其他要素供给或提高要素生产率，使资本、技术替代劳动力。丁明智（2004）认为，从三次产业来看，外商直接投资在第三产业的就业效应较显著，但其直接就业效应在减弱，间接效应在增强。从投资的区域来看，外商投资活跃的地区，对就业的影响越明显。以广东省为例，FDI每增加一个百分点，将增加0.123个百分点的就业（万欣荣等，2005）。此外，外商投资还对相关企业的就业产生影响，如促进企业对劳动者的培训、改变企业的技术环境及生产的组织形式等。但总体上看，国内资本比国外资本对就业的影响更大（陈利敏，2002）。

长期以来，我国一直选择倚重重工业的工业化发展战略，在资源配置中依靠行政手段，强制性向重工业部门积聚资源，造成了资源大量投向工业部门却无法拉动相应数量就业，形成产业结构与就业的产业结构之间失衡的现状。而20世纪80年代以来，中国工业开始走上资本深化不断加速的发展道路，发生了资本替代劳动现象，必然降低对农村转移劳动力的吸纳。90年代后期，固定资产投资的迅速增长成为拉动我国经济增长的基本动力，资本替代劳动的现象更加严重，进一步制约了其吸纳劳动力的能力。各级地方政府出于各种原因，盲目追求经济增长速度和扩张产业的技术升级，在产业结构高级化过程中过分重视科技含量高的项目，但对带动就业能力强而技术含量低的一般项目重视不够，结果导致投资与经济迅速增长，而就业却没有得到很快增长，从而使就业的产业结构滞后于产业结构调整。

3. 技术进步

技术进步对就业的产业结构的作用是一把“双刃剑”。一方面，技术进步使边际就业弹性下降，从而减少经济增长对就业的需求，另一方面，技术进步使社会经济快速发展，产业结构调整和扩大再生产，使就业需求增加。

首先，技术进步可以直接对就业的产业结构产生影响。技术进步可以延长产业链条，开拓新的行业和领域，创造新的就业岗位。产业之间存在着复杂的相互储存关系，包括前向关联和后向关联，这意味着一个产业的发展扩张必然影响其相关产业的发展。技术进步使产业结构朝高级化和合理化发展，它不仅使传统产业通过技术发行获得更大发展，而且加快了产业链条的延伸从而极大地吸引劳动力。卡斯特(Manuel Castells，1994）分析了1920—1990年7大工业国产业结构变迁和就业的产业结构的演变，指出这些发达国家已经进入数字资本主义时代，其就业的产业结构具有如下特点①：（1）农业就业逐渐萎缩；（2）传统制造业就业逐渐衰退；（3）生产者服务和社会服务日益兴起；（4）服务业就业形式日趋多样化；（5）管理性、专业性和技术性的岗位快速增加；（6）形成“领”阶级；（7）零售业就业比重较高；（8）顶端职业和底层职业同时增加，就业阶层划分明显；（9）就业的产业结构升级，对劳动者技术和受教育水平的要求提高。

---

① Manuel Castells，Path towards the informational society：Employment structure in G-7 countries，1920-90. International Labour Review，1994，133（1）：5.

其次，技术进步通过引起产业结构的调整而间接的影响就业的产业结构的变动。中国的工业化处在由中期向后期过渡的转折性变化，从重化工业支撑、资本积累驱动的增长方式进入到以技术进步驱动经济增长的新阶段，产业结构经历了三高产业——中耗能产业——新兴产业的产业调整政策变化历程。技术进步包括技能偏好型和技能退化型，前者将引起产业结构的就业需求以高技能劳动力为主，但造成低技能劳动力的求职困难。而后者的劳动力需求结构以低技能劳动力为主。工业化初期，技能退化型的技术进步推动了大量农业就业人口向工业企业转移，但随着产业升级，技术进步的类型发生转变，对熟练技能劳动力的需求增加。一般认为，劳动密集型产业和技能退化型的技术提供更多的就业出口，但高科技，尤其是信息和通信技术的扩散促进了新兴产业的就业量增加，优化了就业的产业结构。Mortensen（1999）通过对欧洲国家与美国20世纪80年代到90年代的失业率与相对劳动生产率的比较研究发现，技术进步快的产业或行业通过技术的扩散效应能提供更多的就业岗位，而技术进步慢的产业或行业由于利润的散失而使就业减少。①

从技术进步的总效应来讲，由于我国还处于进一步的工业化进程中，因此，技术对于我国就业的“衰减效应”较为明显。从技术的结构效应来讲，技术引起了劳动力需求结构的变化，但是由于我国的特殊情况，农业劳动力并没有直接向第二产业转移而是直接向第三产业转移。第三产业中传统的商业和服务业由于对职业技能要求相对较低，可以迅速吸纳大量缺乏技能的农村剩余劳动力，从而提高第三产业就业的产业结构。第三产业被认为是吸纳劳动力能力最强的领域，但是我国第三产业由于发展速度不快和发展水平不高，其吸纳劳动力的潜力还没有完全释放出来，第三产业的落后已经成为制约我国经济发展的瓶颈。

---

① Mortensen，Dale. Unemployment responses to ‘skill-biased’ technology shocks：the role of labour market policy. Economic Journal，Vol. 109（4），1999：242.

4. 消费结构

胡秋阳（2007）指出，消费结构升级是实现就业的产业结构在三次产业间升级的条件。罗斯托在《经济成长的阶段》（1959）中指出，在经济发展的不同阶段，就业的产业结构具有不同的特点。如在经济成熟阶段，会发生农业部门向工业部门的“工农业间劳动转移”及“就业的产业结构的工业化”现象，人口逐渐向城市集中，劳动力走向高学历化、熟练化和专业化。而在高消费阶段，对各种耐用消费品、家用电器和各种服务的需求扩大，使制造业和服务业就业迅速增长。增加对相应商品和服务的消费需求，就可以起到带动提供这些商品和服务的生产以及稳定提供这些商品和服务的就业岗位的作用。

三、社会制度因素

改革开放 30 多年以来，我国实现了从计划经济向市场经济的巨大转变。在改革和发展过程中，各种政策制度使我国产业结构发生了巨大变化，对就业的产业结构的产业分布产生了影响。

1. 产业政策和经济政策

经济政策对经济增长方式的调整带动产业结构升级，从而对我国就业的产业结构产生影响。改革开放以来，由于经济发展落后，我国经济建设中更多地注重增加经济总量，采取粗放型经济增长方式，主要依靠生产要素的大量投入来保持经济的高速增长。粗放型增长方式使我国农业就业人口相对较多，劳动力素质低下，就业的技术结构较低，生产率也较低，经济发展与资源环境约束之间的矛盾突出。随着经济社会的发展，我国已经逐渐认识到转变经济增长方式和经济发展方式重要性，在党的十三大会议上，我国政府就已经提出要从以粗放经营为主的增长方式向以集约经营为主的经济增长方式转变。党的十四大提出，要努力提高科技进步在经济增长中所占的含量，促进整个经济由粗放经营向集约经营的转变。十四届五中全会更明确提出，实行经济增长方式从粗放型向集约型的根本性转变。十五大和十六大都对转变经济增长方式提出了进一步的要求。针对我国发展新的阶段性特征，十七大提出促进经济增长由主要依靠第二产业带动向依靠第

一、第二、第三产业协同带动转变。十八大报告指出：推动战略性新兴产业、先进制造业健康发展，加快传统产业转型升级，推动服务业特别是现代服务业发展壮大。

区域产业发展战略对当地劳动力转移模式有很大影响。例如，1979 年大量的工业企业开始在珠江三角洲集聚，广东省成为“世界制造业加工基地”，并且经历了两个阶段的产业转移：一是以轻纺工业为主的劳动密集型的产业转移，二是以化工业为主的资本密集型的产业转移。到 2012 年，广东省农村近 90％的剩余劳动力已转移出去，个别地方转移率超过 95％，农村劳动力已基本实现了转移。同时，随着产业布局调整，珠三角城市对劳动力素质提出了更高的要求，一方面倒逼越来越多农村劳动力“回流”至东西两翼、粤北山区就业，另一方面吸引大量较高素质的劳动力向珠三角地区转移就业[①]。广东省利用国际金融危机冲击形成的“倒逼机制”进行产业结构调整，提出向先进制造业、高技术制造业和现代服务业转移的产业升级计划，并提高生产劳动密集型产品企业的环保等要求，实现了许多劳动密集型中小企业的转移。

2. 农村和农业经济体制改革

20 世纪 80 年代初以来，我国在农村推行了农村改革的家庭联产承包责任制的改革政策，农业发展走上市场经济的道路，农业生产效率的提高，长期稳定的土地承包政策和土地使用权流转制度等推动从土地的束缚中解放出来的农业劳动力从农村向城市流动，社会角色转变为进城务工农民，形成跨区域和跨行业的劳动力流动趋势。国家统计局对外出农村劳动力的调查数据显示，2014 年全国农村外出务工劳动力为 16 821 万人。按输出地来分，来自东部、中部和西部地区外出农民工比重分别为 29.7％、38.4％和 31.8％ 。[②] 按输入地分，

① 南方日报评论员. 市场倒逼机制加快广东劳动力转移［N］. 南方日报，2012-10-11.

② 国家统计局农村司. 2014 年全国农民工监测调查报告.

东部地区吸纳外出农民工占外出农民工总数的54.9%，中部地区占37.2%，西部地区占28.7%。[①]。因此，农村剩余劳动力流动的方向以中西部地区向东部地区流动为主。由此可见，中国农村土地改革政策推动了大规模的跨地区劳动力转移，促进了劳动力在全国范围内、在产业间的资源配置优化，在化解中西部地区就业压力的同时，也为东部地区和全国的经济增长有效地化解了中国中、西部的就业压力，有利于劳动力在国内实现优化配置，也提高了流入地和全国的劳动贡献率和经济增长。

同时，中国乡镇企业的发展带动产业的发展，对就业的产业结构的产业分布产生影响，促使第二产业和第三产业吸收了大量的农村富余劳动力。到2012年，我国乡镇企业已经发展到671.8万家，吸收农民1.01亿人，占农村劳动人口总数的25.5%，为农村劳动力转移开辟了重要的途径。乡镇企业的发展也带动了第三产业的迅速崛起，交通运输业、商业、餐饮业等第三产业企业总产值达到5.6万亿元。[②] 除了农村剩余劳动力，乡镇企业还累计吸纳400多万城市下岗失业人员，为减轻城市就业压力做出了巨大贡献。

第二节　就业的产业结构变动区域差异性形成的效应分析

一、产业结构拉动效应

就业的产业结构的区域差异首先决定于不同地区各自的产业结构，不同地区的产业布局和产出效率是该地区就业人口在产业间分布的基础。

---

① 国家统计局农村司. 2012年全国农民工监测调查报告.

② 国家统计局. 改革开放30年报告之八：农业与农村经济三十年辉煌成就 . http：//www. stats. gov. cn/ztjc/ ztfx/jnggkf30n/200811/t20081105_65694. html

1. 区域产业结构是劳动力要素配置的决定因素之一。

从产业发展的角度来看，三次产业要进行生产并取得发展，就必须有生产要素的投入。伴随着三次产业在经济发展历史中的依次出现，劳动力要素的分类与特点也更加丰富。产业结构的变迁过程中，生产要素的数量和质量结构随之发展。以农业为主的产业结构决定了土地要素和劳动力要素的重要性，以工业为主的产业结构中资本要素是厂商竞争的关键因素，而以现代服务业为主的产业结构中，劳动力要素需要与技术和知识要素密切结合才能产生高产业效率。因此，三次产业间就业人口的分布关系，是各产业之间和各产业内的比例结构的反映，这种分布关系的变动也体现了产业结构的转换和效率的变动。

2. 三次产业劳动生产率的变化推动就业结构随产业结构而转变。

克拉克（1940）通过国际比较和时间序列分析认为，劳动力在产业之间变化移动的原因是由经济发展中各产业间的收入出现了相对差异所造成的。产业结构依据消费需求和产业劳动生产率情况动态发展，劳动生产率上升和相对需求下降促使劳动力不断由第一产业向第二、三产业转移。[①] 库兹涅茨（1985）则认为由于部门之间存在比较劳动生产率[②]的差异，导致要素资源在三次产业间的重新分配，从而推动劳动力不断向高端制造业和现代服务业等行业转移。区域内不同产业或行业之间比较劳动生产率的差距推动要素资源包括劳动力向劳动生产率高的产业转移。产业结构轻型化和高级化是发达地区发展的一大趋势，它可以带动就业的产业结构转化，特别是现代信息产业、金融保险业等服务行业的发展，既为经济增长注入新的活力，也为就业拓展出新的就业空间。但是在由于区域政策的影响第三产业受到抑制的地区，劳动生产率比第二产业低，就会导致服务业发展缓慢。在

① 克拉克. 经济进步的条件［M］. 伦敦：麦克米兰出版公司，1940.

② 这里的比较劳动生产率指部门的国民收入占总国民收入的比重与部门的劳动力在总劳动力的比重之比。引自：西蒙·库兹涅茨. 各国的经济增长——总产值和生产结构［M］. 北京：商务印书馆，1985. 329-334.

这种情况下，产业结构的调整导致就业结构的调整，服务业就业下降。

因此，产业结构构成了就业的产业结构的物质基础，决定着就业的产业结构和就业总规模。产业结构调整变动必然会导致就业的产业结构的转换变动，而产业结构调整的完成有赖于就业的产业结构的调整完成，必然要经历劳动力再培训以及劳动者结构性失业、结构性转岗等复杂长期的过程。

二、地域空间拓展效应

1. 区域发展通过拓展就业空间和提升就业层次促进了就业的产业结构的改善。

首先，地区的发展特别是城市化进展带来社会分工水平的提高和行业门类的丰富，从而使本地区的就业容量增加。社会分工是指社会生产力发展到一定阶段，单一的生产群体分化为相互独立而又相互依赖的多个行业或职业。新兴古典城市化理论认为：自给自足向完全分工的演进过程导致城乡差别的形成。马克思也认为，某一民族内部的分工，首先引起商业劳动和农业的分离，从而也引起城乡的分离和城乡利益的对立。① 杨小凯利用超边际和边际分析的方法对城市最优科层结构进行了分析和量化，② 认为社会分工水平与最优城市结构的层次数呈正相关关系，而城市规模收益和运输效率的提高也会影响到城市的社会分工水平。因此，城市的实质是发达的分工，以自然资源为依托的煤城、钢城等，其分工水平在资源枯竭后城市的发展就会受到限制，就业的产业结构也随之发生转换。其次，区域内的产业间有效分工，降低了相关企业获取专用性人力资本和从供应商、政府和相关公共部门得到专门化服务的交易成本，从而企业竞争力得到加强，同时促进上下游产业发展，有利于产业升级，并不断提升劳动力需求结

① 中共中央马恩列斯著作编译局. 马克思恩格斯全集（第三卷）[M]. 北京：人民出版社，1995：85

② 杨小凯. 经济学原理 [M]. 北京：中国社会科学出版社，1998：123-149.

构。以烟台城市化进程为例，以先进制造业、现代服务业和高新技术产业为重点，大力建设开发区、高新区和科技园，吸引了许多国内外企业前来投资，平均每三天就有一家企业投产或开工，富士康等企业在新区投资建厂的外资企业又纷纷增资扩建，有力地促进了新区劳动力需求的快速增长。在我国，城市化规模偏低的地区，劳动力按着配第—克拉克定律向第三产业转移的动力不足，而在发达地区城市化进程加快，对建筑和建材业、房地产、家用电器业、信息服务等行业的需求扩大，带动了第三产业的成长，就业的产业结构进入良性循环状态。

2. 区域内城乡之间的产业分工导致劳动力就业的分化和集聚。

区域内城市和周边郊区及农村形成社会大分工和产业链，引导劳动力资源和资本在城市和亚城市中心、郊区和周边农村之间重新配置，产生就业人口的分化和集聚现象。城市化程度高的地区和周边的城市亚中心形成的产业链区域分工吸引着拥有不同素质的人口和资源在城市和郊区之间不断的分化和聚集。Walter C. （1933）的中心地区理论提出经济区域的分布存在“中心地（Centre Place）”，尽管这一理论因为是一个静态的古典构架，而被认为模型的假设不现实，但Isard W. （1956）提出经济学不能在一个“没有空间维度的空中楼阁”中进行。韦伯（1909）在《工业区位论》中将影响一个工业企业在区域间分工或转移的主要因素分为两类：区域性因素和集聚因素，认为工业在各个区域之间的布局受区域性因素影响，而厂商在工业区域内的位置分布则受集聚性因素影响。而克鲁格曼（1999）则认为经济系统内生的循环累积因素关系决定了经济活动的空间差异，社会化的分工尤其是区域间分工对企业形成交易费用方面的压力，企业在本区域内交易与在外地交易相比较，明显会节约运输成本、公共设施服务费用和各种不确定性因素所带来的风险成本和机会成本，因此企业更倾向于在本地区雇用劳动力，从而形成区域内劳动力资源禀赋的差异，就业人口也在各自的优势产业间分化和集聚。而各种经济活动对这种模式或路径的适应，形成区位的“粘性”，随着亚城市中心的产业发展，就业人口规模扩大和在企业附近的集中居住，对当地的商品零售业、交通运输业、教育产业和生活性服务业产生新增需求，随之相关行业对劳动力的需求增加，该区域内的就业的产业结构进一步转换和得到改善。

三、劳动力供求平衡效应

杨格（1928）在他的“倒数需求律”中阐述了需求和供给是劳动分工的两个侧面，论证了产业间分工相互作用、自我演进的机制。他关于“内涵的市场规模”累积扩大的论述真正使劳动分工“动态化”，① 也是产业间劳动力资源转移的理论依据。杨格认为：第一，整个产业的经营是相互联系的整体，累进的行业分工和专业化是实现报酬递增过程的一个基本组成部分；第二，现代形式的劳动分工是以迂回或间接方式使用劳动所取得的经济，劳动分工水平也受到劳动力供求关系的影响。劳动力供求关系对区域就业的产业结构的影响主要表现在以下两个方面。

第一，劳动力供求关系会导致劳动力用工成本的变化，影响到一个地区的产业和企业投资方向，从而就业的产业结构发生调整。当劳动力供大于求时，在低劳动成本条件下将会促进劳动密集型产业的发展，而当劳动力供不应求时，劳动力成本升高，企业投资将会转向资本密集型或技术密集型产业，劳动力市场的产业需求结构发生变化。目前我国沿海地区，尤其是珠三角地区的“用工荒”问题是一个劳动力供求关系非均衡的现象，这将意味着这些的投资方向可能会倾向于人工劳动力替代行业，例如最有可能实现机器替代人工的行业主要包括采矿业、食品工业、纺织服装、医药、非金属、机械汽车和电子等。另外一个可能是由于用工荒的供求偏离均衡状态可能会驱动农民工在当地就业收入水平增加，从而提高了农村居民的消费能力，低端消费品行业的劳动力需求应运而生。产业投资方向的转变必将形成新

① Young，Allyn A. Increasing Returns and Economic Progress. Economic Journal，1928（38）：527-542.

的企业人力资源需求，就业的产业结构也将随之发生变化。

第二，在劳动供求机制的作用下，可能会使区域间就业的产业结构差异加大，收敛性减弱。理论上，在劳动力市场均衡条件下，经济社会中行业之间，地区之间的劳动力会由于工资水平的差别而发生流动，直到这种差别消失，劳动力流动才会停止，最终不同市场的就业水平收敛于均衡状态。① 如图 6—1 所示，假设经济社会由 A 地区和 B 地区构成，劳动和资本在 A、B 两地区有较大差异，A 地区均衡工资率 W_a 比 B 地区均衡工资率 W_b 高。A 地区的高工资导致 B 地区的工人离开本地区流向 A 地区，因此 B 地区劳动力供给减少，使 B 地区劳动力供给曲线从 S_{b2} 移向 S_{b1}，并使 A 地区的劳动力供给曲线从 S_{a1} 移向 S_{a2}。由于劳动力的流动造成两地区劳动力供给曲线的移位，最终使地区工资差别趋于消失，A、B 两地区劳动力市场实现均衡，地区间劳动力停止流动。从资本流动的视角观察地区工资差别的变动，亦可得到同样的结论。A 地区工资比 B 地区高，为了取得 B 地区低劳动成本的利益，A 地区资本向 B 地区转移（资本转移费用假设为零）。B 地区资本的增加使劳动力需求曲线右移，结果造成 B 地区工资率的上升。在资本总量不变的情况下，A 地区由于资本转移的结果，使劳动力需求曲线左移，使该地区工资率下降。由于资本在地区间的转移，同样会使地区间工资差别消失，两地区劳动力市场实现均衡。同理假设图 6—1 描述的是 A、B 两个产业，那么工人在产业间的流动，也使得产业工资差别消失，劳动力在产业之间的分配实现均衡。

但是在我国现实劳动力市场中，由于改革开放以来的沿海城市率先实行对外开放政策，具有区位优势的东部地区的现代化工业部门吸引国内外投资和人力资源，中西部内陆地区就业的产业结构与东部地区差距日益加剧。东部发达地区产业发展引致劳动力需求增加，对原有均衡工资率水平提高形成拉力，但表现在不同的就业群体上却形成

---

① 袁伦渠. 劳动经济学（第 2 版）[M]. 大连：东北财经大学出版社，2007：154.

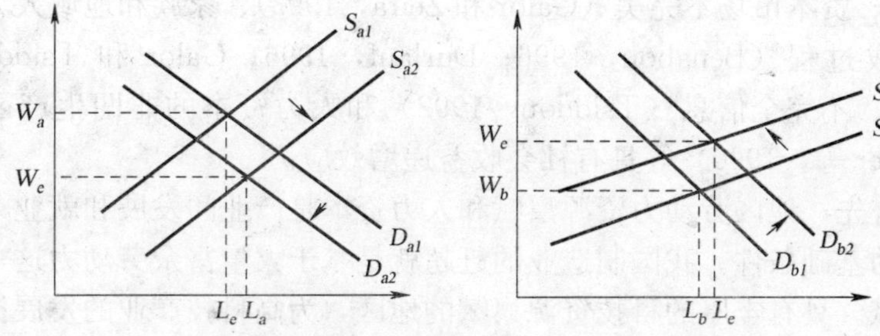

a）A地区　　b）B地区

图 6—1　地区或产业之间的劳动力市场均衡

本地居民收入高而外地就业人员收入低的工资水平二元化结构。这是因为，城市的较高收入和生活便利、子女教育等配套环境形成农村剩余劳动力流入的引力，而农业就业人口离开农村的低机会成本又成为其源源不断涌向城市的推力，因此对于外地就业人口来说发达地区仍然是买方劳动力市场，而处于工资决定主动方的企业在利润最大化目标的驱动下，倾向于提供仅略高于农业转移人口从事农业的平均收入和能基本补偿农民流动成本的工资水平。而对于农民工来说，只要外出打工比在家务农收益更大，在接近于零的农业退出成本条件下，就会做出进城务工的劳动力供给决策。在这种二元工资结构中，由于东部发达地区对农民工提供的工资高于其在本地务农的收入水平而减少了中西部地区的劳动力资源，而企业也由于可以在本地获取低成本劳动力而减少了投资向西部转移的意愿，在这双重作用下，东部和中西部的就业结构差异进一步扩大。

四、人力资本提升效应

人力资本对我国区域就业的产业结构的收敛或分散有着重要的影响。在新古典增长模型中引入人力资本形成过程，为集团收敛的形成提供了理论环境。具有相同经济结构的经济体，如果在初始人力资本分布方面存在差异的话，这些经济体将收敛于不同的均衡稳态水平。这是因为人力资本形成过程（Lucass，1998；Azariadis 和 Drazen，

1990)、资本市场不完美（Galor 和 Zeira，1993)、家族和地域人力资本形成过程（Benabou，1996；Durlauf，1996；Galor 和 Tsiddon，1994)、不完全信息（Tsiddon，1992）和人力资本的非凹生产函数（Becker 等，1990）等具有社会收益递增效应。

首先，地区劳动力资源禀赋和人力资本是产业间发展和就业人口分布的基础条件。我国制造业的赶超就是基于大量富余劳动力这一资源禀赋。具有丰厚的科技资源禀赋的地区，为高科技产业的发展提供了比较优势，反过来也创造了更多需要专用性技术知识的岗位，从而进一步吸引人力资本投资和技术人员转移，潜在竞争力提高，产生科技创新的区域集聚。而技术扩散更加不易出现在人力资本处于劣势的地区，地区之间就业的产业结构将会继续扩大。就业的产业结构中的农业化程度反映了区域人力资本的差距，2013 年我国第一产业 GDP 仅为全国 GDP 总值的 9.4%，而从业人员比例却高达 31.4%，这种产业结构与就业的产业结构的脱节说明了我国农业中存在大量需要转出的剩余劳动力。长期以来，我国现行的城乡分割二元户籍制度、土地产权制度、教育制度以及社会保障制度的不完善严重阻碍了农村劳动力顺利转移，再加上农村职业教育培训滞后，导致人力资本无法适应产业结构调整升级对劳动力的需求，制约了农村剩余劳动力的合理流动和配置，从而也制约了我国就业的产业结构的进一步调整，导致第一产业就业的产业结构转变滞后于产业结构变动。

其次，人力资本在地区间的极化式聚集产生“扩散效应”粘性，从而使得区域收敛弱化。人力资本对就业的产业结构的影响源自于产业间和产业内企业的创新效应与员工的学习效应。企业间彼此互相竞争，不仅直接刺激产品创新，而且也连带地提高了产业内的生产要素素质尤其是劳动力素质与关联产业的竞争优势。人力资本丰裕的地区产出效率高，对于交易费用的支付能力强，因此择业的市场化水平和生产的专业化程度更高，更加有利于社会化的大分工。高度的专业化分工促进相关技术人才的工作经验和技能水平提高，进一步提高劳动力资源在产业间配置的生产率水平。

第三节 本章小结

就业的产业结构总是处于不断的发展演化之中，经历着一种由不发达状态逐渐向发达状态的过渡，由不成熟逐渐向成熟方向演进的过程。本章对区域就业的产业结构区域差异的特点、影响因素和形成机理作了较详细的分析，影响区域就业的产业结构演化的外部影响因素包括要素禀赋特征、人口和劳动力等自然因素，产业结构、投资、技术进步和消费等经济因素，以及产业政策和经济政策、农村和农业经济体制改革等社会制度因素。产业结构拉动、地域空间拓展、劳动力供给与需求的平衡、人力资本提升是形成区域间就业的产业结构差异的主要动力机制。区域经济发展、劳动力市场和劳动力要素流动等经济社会状况构成了区域就业的产业结构的形成基础。

第七章

就业的产业结构区域差异的合理性判断和调整政策建议

第一节 区域就业的产业结构差异性的合理性判断

一、判断思路和原则

区域就业的产业结构合理化指通过调控就业人口在三次产业间的分布，使一个地区的资源得到最合理的配置，从而使产业结构的效益和就业水平不断提高的过程。首先，是就业的产业结构由不合理向合理化发展的动态过程；其次，是一个相对和发展的概念。在分析与研究一个国家的或地区的就业的产业结构时，考察该种经济发展模式下的就业的产业结构的表象特征的同时，更应该抓住问题的本质特征，从更为深入的层次研究其特征与特性。可见，衡量一个区域当前就业的产业结构是否合理的标准，应该是产业间就业资源分配的总效应与区域效率。

1. 是否有利于区域产业的协调发展

产业协调发展是区域就业的产业结构合理化的首要标准，它表现为三次产业就业比例、发展速度及各产业各部门之间发展的协调和适配性。产业间劳动力供给与需求平衡是区域经济稳定和发展的必要条件之一。

2. 是否有利于发挥区域比较优势

合理就业的产业结构应当是开放型的结构，能充分有效地利用本地区的劳动力资源禀赋和国内国际分工，通过对外经济交往，克服区域内需求与资源不足的矛盾。

3. 是否有利于区域劳动生产率的提高

在推进区域经济结构调整的目标推动下，区域就业的产业结构的发育成熟度以及整体功能发挥作用的程度被视为判断金融结构的一个定性标准。在研究区域就业的产业结构的差异性下，必须加强劳动力投入产出效率的理念，为进一步的区域产业政策和就业政策调整提供理论依据。

二、评价的指标

区域就业的产业结构合理化评价是对反映区域产业结构状况的各评价指标信息的综合，评价结果是否客观、准确，首先依赖于各评价指标的信息是否准确、全面和具有代表性；评价指标的遴选和评价指标体系的设计是否合适，也将直接影响评价的结论。评价指标从不同的视角可以分为单维指标和综合指标，绝对指标和相对指标。

1. 单维指标和综合指标

就业结构与产业结构的偏离度、相对劳动生产率和就业弹性是学术界公认程度比较高的就业的产业结构之间差异比较的标准，但这些指标在进行区域比较时，需要对三次产业的各项指标分别计算，每个区域会有相应的三次产业的指标值来表示其就业的产业结构水平，不太方便给出综合性的比较结果。综合指标包括区域差异系数，就业结构与产业结构的总偏离度等，可以通过一个指标反映区域就业的产业结构之间的差别，因此本书在进行就业的产业结构与人均 GDP 之间协整关系分析、就业的产业结构区域差异分析和 β 收敛检验时都采用了综合指标。

2. 绝对指标和相对指标

衡量就业的产业结构水平常见的绝对指标有三次产业的就业弹性，其余大多数是相对指标。而相对指标又分为两种类型。一种是某区域与参照区域的就业的产业结构进行比较，例如区域差异系数；另一种是就业结构与产业结构进行比较其匹配程度，例如就业结构与产业结构的偏离度、相对劳动生产率等。除此之外，就业的产业结构的滞后时间也是重要的衡量就业结构与产业结构匹配程度的相对指标。伴随着经济的持续快速发展，我国就业结构与产业结构相比，变化的方向基本与之相同，但程度有所不同，呈现出与之不相适应的特征，显示出我国就业的产业结构相对于产业结构变动具有一定的不同步性。通过测算三次产业就业的产业结构变动均滞后于产业结构的滞后时间，可以判断三次产业吸纳劳动力的能力。结合劳动力配置的动态调整情况，即就业的产业结构变化，判断三次产业之间劳动力的速度。就业的产业结构滞后于产业结构的程度的改善，有利于合理配置劳动力资源，形成良性的就业运行机制，促进产业结构与就业的产业结构的协调发展。

三、合理化程度的测度方法

区域就业的产业结构合理化的分析方法，可以将相对比较法、比例分析法和需求适应性判断法结合使用。

1. 相对比较法

这种方法是以钱纳里的标准就业的产业结构为基础，将某一国家的就业的产业结构与相同国内生产总值下的标准就业的产业结构加以比较，偏差较大时，认为此时的就业的产业结构是不合理的，反之，认为合理性较好。或者在分析地区就业的产业结构合理性时，采用类比的方法，把一个地区的就业的产业结构同标杆地区的产业结构相类比，从而说明该地区就业的产业结构的合理性。当然，这种方法在条件大体相同且变化不大和时间相近的情况下，进行就业的产业结构合理化分析，具有一定借鉴意义。

2. 比例分析法

比例分析法是最常见的就业的产业结构合理化分析方法。它是通过分析各产业间的就业比例关系是否达到平衡（例如农业和非农产业之间，轻工业和重工业之间的平衡性和协调性），来判断就业的产业结构是否合理和合理化的程度。比例分析法包括比重法、速度法和协调法等。比重法即根据就业人口在产业结构中所占的百分比，来确定合理化的程度；协调法即从系统论的观点出发，根据就业结构与产业结构相互影响的内在规律研究，寻求就业结构与产业结构之间的合理比例关系；速度法即用一个地区的就业结构转变速度同另一个地区的转变速度相比较，或者用一个地区报告期的就业转变速度同基期的转变速度相比较，从而判断该地区就业的产业结构是否合理。

3. 需求适应性判断法

即通过判断各地区产业对劳动力的需求量与相对应的对该地区的劳动力质量结构是否相符，若两者接近或大体接近，则目前的就业的产业结构是较为合理的。需求适应性判断法是通过判断就业的产业结构能否随着需求结构的变化而自我调节，使产业间的劳动力需求结构与供给结构相适应。其判断方法为分别计算各产业就业弹性，若两者相等，则说明劳动力供给与企业对劳动的需求有充分的适应性，就业的产业结构是合理的。

第二节 促进区域就业的产业结构优化的政策建议

近年来，我国经济持续、快速增长，政府宏观经济管理及其政策制定越来越科学化、合理化，其决策依据的核心基础是对于各种宏观经济数据的计量分析、判断和预测，据此而做的政策实证研究，有效地提高了政府宏观管理的有效性、针对性和准确性。宏观经济政策的目标一般来讲有四种，即充分就业，价格稳定，经济持续均衡增长和国际收支平衡。就业的产业结构与产业结构的合理化和协调发展，是宏观经济政策的组成部分。对就业的产业结构变量的区域差异和收敛性分析，数据生成过程中的结构突变特征及平稳性趋势检验，和就业的产业结构演进机理的分析，为思考就业的产业结构如何适应产业结构的调整路径，提供了政策选择的参考价值。

一、宏观政策框架

关于实施有利于扩大就业的宏观政策问题，要统筹协调产业政策与就业政策，促进就业的产业结构优化。继续实施促进协调发展的区域政策，促进地区间就业的均衡增长。继续实施区域发展总体战略，加大对中西部地区等的支持力度，鼓励区域协作，统筹协调不同地区就业的均衡增长。

1. 通过区域协调发展促进地区平衡增长，并将经济的增长立足于内需，是矫正区域就业的产业结构失衡的治本之策

影响就业的产业依存关系的主要因素包括经济增长路径和宏观调控政策等，因此，为保证产业结构升级过程的顺利演进，使就业的产业结构积极地适应产业结构的调整，运用财政政策和货币政策等工具，制定合理的产业政策和劳动力就业政策成为政府调控经济活动的重要任务。首先，建立以竞争性市场机制为核心的资源配置机制，发挥各地区的比较优势。改变不同的地区之间在资源配置过程中的不平等地位，消除地区之间的贸易保护和市场分割，通过公平竞争，提高资源配置效率，促进产业技术选择与劳动力资源禀赋比较优势的结合，使得区域之间的产业和就业机会能动态调整和转移，促进就业的区域结构平衡，在全国范围内实现产业的合理布局。其次，以扩大内需、促进就业的经济发展思路为核心，各级政府应始终将促进就业作为区域经济和社会发展的战略性任务，将控制失业率列入区域经济宏观调控的主要目标。积极扩大国内需求比依赖外需的发展模式更能支撑劳动密集型产业的发展，从而实现以经济增长带动就业增长。例如，通过中西部地区的新农村建设来解决中西部地区一部分人口的就业问题是短期内可行的一个办法。第三，充分利用财政政策和货币政策的宏观调控工具，建立稳定规范的政府就业服务和就业援助预算制度，对欠发达地区和就业问题比较集中的地区，中央财政给予特殊援助政策和资金扶助，对老工业基地、军工产业基地、中西部贫困地区的转产和振兴提供财政专项拨款，提高财政支出对就业的拉动效应。第四，从国民经济全局的角度出发，对生产力布局统筹规划和积极引导，对重点产业、重点行业的生产基地给予政策倾斜，避免同构化的地方发展模式，通过区域优势互补和劳动力跨地区的流动来优化国民

经济结构。

2. 优化农业经营发展格局，加快城市化进程

首先，不同地区根据自身的资源禀赋特点来改造传统农业和加快现代农业发展，大力发展农业产业化经营。对人多地少的地区来说，劳动密集型的农业生产具有比较优势，因此通过农村生产格局的调整和发展农业产业化经营，可以加深就业深度，增加农民收入和解决大量农村劳动力的就业问题。其次，从宏观和长远发展上，要加快内地农村城镇化建设进程。从目前农业和非农产业的产值结构以及比较劳动生产率来看，二者的收益差距进一步扩大，我国就业的产业结构严重滞后于农业向非农产业劳动力转移的需求。未来几年中加速城镇化的步伐仍旧是解决我国农业剩余劳动力就业问题的根本出路。欠发达地区通过城镇化建设形成生产与生活环境的高度聚集，公共性基础设施的边际成本也因为规模效应降低。因此，消除城乡劳动力流动的制度障碍，加快发展中西部地区中小城市第二、第三产业，引导农业劳动力就地非农就业和地区就业的产业结构的调整，可以减轻沿海地区非农就业压力，平衡内地与沿海经济发展。

二、中观调整机制

1. 积极发展符合产业政策导向的劳动密集型产业，扶持小型微型企业发展

正确的经济发展战略是加速就业的产业结构升级的重要保证。选择经济发展战略时，要根据本国的情况和特点制定相关政策，例如决定是发展劳动密集型还是资本密集型产业；是以发展内向型经济为主，还是以发展外向型经济为主。有的地区资源禀赋与发展阶段相关的生产要素相对丰富，而有的地区仍然处于劳动力丰富、资本相对稀缺的发展阶段，对于后者，劳动密集型产业仍是其工业的比较优势所在。因此，要合理调整经济布局，中西部地区对东部劳动密集型产业转移提供支持，东部地区对就地实现升级换代的劳动密集型中小企业提供减免税费等多方面政策支持，从而促进企业更好地转型和发展。大力发展出口导向型劳动密集型产业，在用工短缺的地区发展资本密

集型产业。

2. 大力发展生产性服务业和生活性服务业，挖掘第三产业的就业潜力

从对劳动力就业弹性系数和相对劳动生产率的分析可以看出，第三产业具有极大的经济增长空间和就业增长空间，是吸纳劳动力最多的产业。加快发展第三产业，不仅可以直接拉动国民经济增长，满足人民日益增长的物质文化生活，提高服务的社会化、专业化水平，同时也开拓就业门路，大大吸收了农业劳动力向城市转移，促进了高素质人才的就业，而且有利于促进市场经济发育，优化资源配置，提高国民经济整体效益和运行质量，促进产业结构优化升级。因此，第三产业具有需求收入弹性高、投资少、见效快、吸收劳动力多等特点，在解决我国失业问题中地位至关重要。虽然我国第三产业增加值在国内生产总值中的比重在 2012 年首次超过第二产业增加值在国内生产总值的比重，但是到 2013 年，仍低于 50%，吸收劳动力也很有限，仅占劳动力总数的 38.5%，而发达国家第三产业就业人数占就业总数大都在 70%以上，有的甚至达到 80%。由此可见，第三产业已经成为我国国民经济发展中的一个瓶颈产业，应成为各地区的战略性产业。不同地区可以对发展第三产业的重点进行差异性选择：一是金融保险业、交通运输业、电信及信息服务业、文化产业以及公共服务等现代服务业；二是餐饮业、仓储业等传统服务业。提升现代服务业的产值比重，满足消费升级和服务业全球化竞争要求，才能为产业升级提供动力和空间，让劳动力资源加快进入服务业。

3. 优化和调整第二产业的生产力结构

首先，劳动力成本较低的地区，充分发挥比较优势，选择适合于本地区的劳动密集型工业，提高第二产业的就业弹性。利用地区分工的互补优势，欠发达地区的低劳动成本与发达地区的资金技术相结合，获取比较经济效益的同时，就地解决了剩余劳动力的就业问题。其次，劳动密集型产业的发展必定提高劳动力的购买能力和有效需求，在此基础上调整生产力结构，处理好资金密集型产业和劳动密集

型产业的关系，注重高科技生产和信息化建设，在机械工业、冶金工业、电气工业、化学工业等传统工业发展的基础上，推动电子产业、信息工业和智能工业等高技术产业和新型工业企业的发展。对于具有较好工业基础的老工业基地省份来说，应通过加强装备工业的发展带动和促进劳动密集型第三产业的发展。一方面，提供大量劳动力需求从而促进就业；另一方面，制造业中也有资本相对密集和劳动生产率相对高的行业，可进一步提高制造业的科技含量。

4. 协调发展第二产业和第三产业

我国当前产业结构调整的重要方向为一方面在技术密集型产业创造新的就业机会，另一方面也会在第三产业中创造出更多的就业机会。第三产业的发展是缓解中国就业压力的主要途径，但第三产业的发展也必须以第二产业的某些行业的发展为支撑。只有发挥两个产业之间的联动作用，才能促进就业并提高劳动生产率。通过实证分析，我们发现第三产业的劳动生产率比第二产业的劳动生产率低，说明发展第三产业虽然可以较强地吸纳劳动力，但同时也以牺牲劳动生产率为代价。因此，需要从第二产业和第三产业联运发展的角度去解决促进就业的问题。第三产业主要是为直接制造部门服务的，它的发展取决于制造业对它的带动和关联作用的强弱，制造业技术越高，劳动生产率越高，对服务业需求也越大。因此，在结构调整中不能因为第三产业的就业贡献大而忽视了第二产业的带动作用。

5. 构建有效的区域分工与协作机制

劳动的区域分工是社会分工的地理空间形式，这种社会分工可以表现为各个地区的劳动力分别聚集在生产不同产品的产业中，也可以表现为在产业链的区别定位基础上，不同的地区各自生产某种产品的某一部分。劳动的区域分工布局主要由产业结构的区域分工布局而决定。各地区之间互设壁垒、低效率同质化竞争必然会导致区域产业结构的同构化，从而造成低水平重复建设，过度竞争和劳动力、资金等资源的浪费，并且降低相关产业发展的集约化优势。合理进行产业结构的区域分工布局可以充分发挥区域优势，实现区域生产专门化，保证产业结构的整体性、系统性和先进性。进行产业结构的区域分工布局从几个方面入手：一是要从区域实际情况出发，与区域经济发展所处的阶段相适应，有利于技术进步和经济效益的提高，有助于区域优势的发挥，在优势产业基础上向地区专门化方向发展；二是要有利于充分发挥区域劳动力的优势，减轻劳动人口的就业压力；三是要明确不同地区的功能定位，构建区域发展的利益调整机制，对区域协调中可能发生的地方利益流失尝试引入补偿机制。发达地区突出在金融、物流、商务服务、信息服务、教育培训等行业上集聚要素和向外辐射的核心能级，通过产业链的延伸性和扩散效应带动周边地区的发展。

三、劳动和就业政策

综观目前已有的研究文献和中国劳动力市场的演进历程，我国的二元劳动力市场特征明显，表现在传统农业和现代化产业并存、落后农村与发达城市并存以及劳动力市场的分割等方面。因此，劳动和就业政策的基本导向应是促进劳动力在地区之间、城乡之间和产业之间的自由流动。

1. 建立和完善就业政策体系，打破劳动力市场的区域分割

为了实现劳动力在产业间的合理流动和分配，应着手建立统筹就业的政策体系，就是打破城乡、区域、政策和体制分割，建立统筹城乡和统筹全方位就业的政策体系和工作机制。具体来说，就是要将集体企业及其他非国有企业职工，在劳动力市场中处于不断工作搜寻状态的初、高中毕业生，农村转移劳动力以及高校毕业生的劳动力区域间流动纳入统一的就业政策体系和经济社会发展规划之中，消除发达地区本地劳动力和外地劳动力之间的劳动力市场分割，加强就业的宏观管理。在宏观经济调控措施出台之前，要把就业效果评估作为各地区政策可行性分析的重要内容，避免和降低宏观调控政策对就业的负面效应，保持就业促进政策的连续性。

2. 建立城乡一体化的就业服务体系，建立高效的劳动力中介服务市场

打破城乡分割的二元社会结构，实现人口的自由迁徙，引导农村剩余劳动力合理有序流动，需要建立城乡一体化的就业服务体系。“多管齐下”解决“用工荒”问题，就要调整外出务工和就地务农就业的比较利益关系，合理提高外出务工农民工的工资福利待遇，借此机会推动形成劳资双方平等协商机制；要进一步加强用工信息发布和沟通，健全劳动力输入输出地信息互通机制；要大力建设城乡一体化管理体制，让农民工更好地融入城市。

3. 加大职业教育培训投资，完善职业介绍和指导政策

劳动力的素质已经构成了对产业结构升级和就业的产业结构优化的主要制约因素之一，因此应当加强职业教育培训，加大职业教育投资力度。部分行业特别是家政服务等第三产业部分行业的劳动就业表现出分散性、灵活性、服务性和非正规性等特点，对于劳动力需求具有很强的时效性和不确定性，这些无疑增加了劳动者个人的职业搜寻成本。为了保证劳动力能够及时地配置到最需要的行业中去，增加劳动力市场的信息披露、降低信息不完全程度就显得尤其重要。因此，有必要进一步完善劳动力输入地区的职业介绍和指导政策。要加大力度整治规范职业介绍所的营业行为，职业指导要由职业介绍机构的专业人员按照一定的程序完成。各地区人才市场应重视培养、培训正规的职业指导者，以便他们对求职者的能力、兴趣和劳动力市场现状提出切实可行的咨询指导意见。

4. 健全社会劳动保障体系，防范劳动力就业的社会风险

产业结构的调整必然会引起结构性失业，从而产生相应的社会风险，而社会保障体系是一种进行社会收入再分配和化解风险的机制。目前我国的社会保障体系仍然有明显的城市偏向性，保障受益覆盖面以城市为主，并且是就业关联型保障机制，这有待进一步加强改革。在就业的产业结构调整过程中，目前最迫切需要解决的是农民的社会保障和城市化过程中失地农民的社会保障问题，资源补偿问题，就业问题和分配问题。

四、投资政策和收入分配政策

1. 提高人力资本，提高科学技术水平

经济起飞过程往往都伴随着高科技产业、新兴产业的飞速发展，工业化较快的国家都十分注重发展科学技术和技术教育，重视科研和创新。劳动力素质的提高是保证产业结构升级的重要条件，我们应重视人力资源的开发，大力发展教育事业，为经济发展提供大批高质量的专业技术人员，促进教育业特别是初等教育和职业教育迅速发展，提高劳动力素质，使其能够适应非农行业的就业要求，促进新兴工业部门及其他非农业的发展，创造就业的产业结构迅速由第一产业向第二产业和第三产业转变的内在条件。第二、三产业在经济结构中的决定性地位对从业人员的素质和科学技术水平提出了更高的要求，高水平的人力资本对于一个产业或经济实体来说具有更高的经济利益。提高人力资本是提高劳动力对市场的适应能力的有效途径，这样才能让劳动者找准自身定位，找到合适的岗位，消除产业间劳动力的需求和供给的不一致性，促进农业部门的剩余劳动力向非农产业转移。

2. 调整收入分配政策，提高消费比重

在市场经济条件下，产业结构取决于需求结构。居民消费比重明显是我国长期存在的突出问题。我国第三产业的比重偏低，是两个互为因果的因素。生产要通过服务业才能与消费联结，服务业发展相对滞后必然消费的供给，加快服务业发展有利于扩大消费。近年来，我国需求结构不合理主要表现在固定资产投资与消费比例严重失衡，投资比重过高，消费低速增长的趋势还在继续。所以，当前需要大力扩大消费需求，使消费特别是服务消费的增长快于 GDP 的增长。因为消费需求取决于居民的收入水平，要扩大消费需求就需要增加居民特别是农村居民和城镇低收入居民的收入水平。由此可以看出，缓解我国就业压力的着力点应该是逐步调整收入分配政策，更快地提高中低收入人群的收入水平，使国民收入分配更加公平，逐步提高消费在国民经济中的比重。减轻农民负担，增加农民收入，缩小城乡收入差距，提高农村居民购买力，关注贫困地区的城镇低收入人群，要通过加大政府转移支付，完善社会保障体系等，逐步提高他们的收入水平和消费水平。

第三节 本章小结

本章主要是对区域就业的产业结构的合理性判断标准和评价指标进行了实证分析，依据对我国就业的产业结构的区域差异分析结果，提出我国进一步促进区域就业的产业结构优化的对策和具体措施建议，包括宏观政策框架、中观调整机制、劳动和就业政策、投资政策和收入分配政策等四个层面的对策。通过区域协调发展促进地区平衡增长，并将经济的增长立足于内需，是矫正区域就业的产业结构失衡的治本之策。实现区域就业的产业结构的合理和优化将是一个较长的过程。短期内的可行的办法是通过中西部地区的新农村建设来解决中西部地区一部分人口的就业问题。从宏观和长远发展上，要加快内地农村城市化建设进程，加快发展中西部地区中小城市第二、第三产业，引导农业劳动力就地非农就业和地区就业的产业结构的调整，减轻沿海地区非农就业压力，平衡内地与沿海经济发展。同时，第三产业的发展取决于制造业对它的带动和关联作用的强弱，因此在结构调整中不能因为第三产业的就业贡献大而忽视了第二产业的带动作用。

面对中国的二元结构劳动力市场，应该从促进劳动力流动，尤其是农村劳动力的自由流动为基本前提，建立城乡一体化的就业服务体系，加大职业教育培训投资，健全社会劳动保障体系，防范劳动力就业的社会风险。

第八章
结论与展望

第一节　结论

一、对中国三次产业就业量生成过程中的结构突变的研究

1. 三次产业就业量的结构突变检验

选择截距突变模型，运用退势法，分别在1989年、1992年、1997年及2002年设置虚拟变量，检验三次产业就业人数比重是结构突变的单位根过程还是结构突变的趋势稳定过程。检验结果显示，就业的产业结构的第一个结构变化都出现在1992年，结构突变点截距和趋势项虚拟变量的系数皆为负，且1%显著，说明小城镇建设的城市化政策对就业的产业结构造成了长期的负面冲击。第二个结构变化分别出现在2002年，结构突变点截距虚拟变量的系数皆为负且显著，但是结构突变点趋势项虚拟变量的系数为正且显著，说明尽管冲击对就业的产业结构有一个短暂的负面效应，导致第三产业就业人数在2002年出现了小幅增长，就业的产业结构的长期优化路径得到了改善。

2. 协整分析

我国就业的产业结构变化与GDP增长之间存在结构突变的协整关系，1997年前后第一产业就业量与产业增加值的协整参数，以及1989年前后就业的产业结构差异系数与GDP值的协整参数是不同

的。引入结构突变点后能更加准确的反映我国就业的产业结构变化与GDP增长之间的长期均衡关系。考虑结构变化，一方面，协整模型的拟合优度有了改进，F 值也有了提高，模型整体拟合效果更为显著；另一方面，所设置的虚拟变量亦通过了显著性检验，进一步说明了结构变化的存在性。总的来看，随着社会经济的发展，外部经济因素对中国产业就业量有较大的影响，外部因素的冲击会促使中国产业就业量数据的数据生成过程发生变动。

二、对中国就业的产业结构区域差异的实证研究

1. 就业的产业结构区位商的区域差异

三次产业就业的区位商和典型行业的区位商比较结果显示出以下时空结构特点：第一产业就业集中于西南部地区、中西部地区和东北部地区，东部沿海地区较少，第二产业就业集中于东部地区，第三产业集中于沿海地区和西部地区。三次产业就业变化的总体趋势是东部沿海地区第一产业就业区位商逐渐降低，而第二产业就业区位商逐渐上升，中部地区第二产业就业区位商逐渐上升，西部地区第一产业和第三产业区位商逐渐上升。

2. 就业的产业结构差异系数的区域比较

我国目前就业的产业结构的区域差异明显，并且东部地区就业的产业结构更接近理想结构而优于中部地区，中部地区就业的产业结构又优于西部地区。就业的产业结构较为先进的省、市、自治区有北京、上海、天津、江苏、浙江和广东，这些地区的经济水平和城市化程度相对也较高。甘肃、贵州、海南、广西、西藏、云南第一产业就业人数比例较高。

3. 三次产业劳动生产率、结构偏离度和就业弹性的区域比较

我国现阶段东、中、西三个地区的就业弹性、结构偏离度和相对劳动生产率等指标的区域比较说明，东部省市区域的就业的产业结构明显优于其他地区，三次产业的相对劳动生产和结构偏离度之间的差距均有缩小趋势，从第一产业就业弹性的变动趋势可以观察出第一产业就业人口向外转移的迹象。就全国而言，就业人员在产业间发生了

转移，大量的农业就业人员转向非农就业部门，但是第一产业的相对劳动生产率水平仍然较低，与第二、三产业之间的差距有扩大趋势，因此我国第一产业剩余劳动力转出的任务还很艰巨。

三、对区域就业的产业结构变动收敛性的研究

1. 泰尔指数检验

通过泰尔指数可以将三次产业就业的全国总体差异分解为东部、中部和西部三大区域间的差异和三大区域内各省之间的差异。在总体差异方面，第二产业的泰尔指数在三次产业中最高，即第二产业的总体区域差异最大。而在变化趋势上，第二产业就业的总体差异逐步下降，其原因可归结为东部和中部地区内部差异的下降。而第三产业就业的总体差异趋于平衡而略有下降。在区域内差异方面，东部地区第三产业就业差异呈现快速下降趋势，中部地区差异却呈现扩大趋势，西部地区变化幅度最小，波动也较小。通过内部差异及区际差异对总体差异的贡献率走势分析可以看出，总体差异的不断缩小主要是由于三大区域之间差异的不断缩小，而三大区域内部的差距在不断扩大。

2. σ 收敛性检验

对我国 29 个省、市、自治区就业的产业结构的 σ 收敛性检验显示，自改革开放以来，我国省际劳动生产率的差异总体上处于持续波动的状态，我国各地区间就业的产业结构变迁差异在 2000 年后的确呈现了比较明显的 σ 收敛现象，而第二产业在 2004 年后表现出地区间结构差异缩小。1985—1991 年，三次产业劳动生产率都呈现为发散趋势，尤其是第一产业发散速度较大程度地快于第二产业和第三产业。这主要是由于第一产业就业比重较大，造成了第一产业劳动生产率 σ 指数对总体劳动生产率 σ 指数的贡献较大；1992—2001 年，第一产业和第二产业都呈现收敛趋势，而第三产业表现出较快的发散速度，远高于第一、第二产业劳动生产率的收敛速度；2002—2009 年，在第一产业和第二产业劳动生产率收敛的情况下，第二产业劳动生产率呈现较弱的发散趋势。所以，可以判断中国就业的产业结构变迁具有收敛效应，如果没有结构变迁收敛效应的作用，中国的地区差距将会更大。

3. β收敛性检验

三次产业在不同时间段各地区就业结构与产业结构的总偏离度的β收敛性检验结果显示，1985—1991年，全国区域就业的产业结构呈现微弱的收敛态势，收敛速度为0.083，而在1992—2001年，则呈现发散态势，发散速度较快，为0.118；2002—2010年，我国区域就业的产业结构的总体差异在缩小，其原因是三大地区内部就业的产业结构的区域差异在不断缩小，尤其是东部地区内部差异在迅速缩小。通过对典型行业就业的产业结构的β收敛性深入分析，可以发现，制造业、建筑业和住宿餐饮业等行业就业人数在地区间的分布呈现收敛的趋势，结构收敛速度最快的是建筑业和制造业，而信息业、金融业的结构比重差异扩大速度最快。现阶段我国三次产业就业在三大区域之间无论是水平分布还是结构份额的变动趋势都表现出较大的差异性。

四、对就业的产业结构的区域差异的形成机理、合理性判断及政策建议的研究

就业的产业结构变动的影响因素主要有自然因素、经济因素和社会制度因素，产业结构拉动效应、地域空间拓展效应、劳动供求平衡效应和人力资本提升效应推动了就业的产业结构的演进。中国就业的产业结构存在的主要问题表现在：产业结构升级并没有带来就业的产业结构的升级，非农产业的就业弹性小；产业劳动力需求和供给结构的区域不平衡现象明显；劳动要素的生产率水平不能满足产业升级的需要；劳动力流动的社会就业服务机制尚不完善。

基于对就业的产业结构变量的区域差异和收敛性分析，数据生成过程中的结构突变特征及平稳性趋势检验，和就业的产业结构演进机理的分析，本书从产业发展政策、劳动和就业政策、投资和收入分配等方面提出了就业的产业结构的调整路径和政策建议。

第二节　本书的创新之处

就业的产业结构是经济结构所处的状态和水平的重要指标之一，一直以来为国内外许多学者所关注，在就业的产业结构的特征、演进和效应等研究领域形成了丰硕的研究成果。但是目前国内学者对就业的产业结构的研究大多局限于某一区域的就业的产业结构和产业结构相关关系的研究，跨区域的研究和演进机理的研究比较少，系统地从收敛性和结构突变的视角来研究就业的产业结构演进机理更是一个突破。由于本书研究选题是劳动经济、产业经济以及区域经济等多个研究领域的交叉，因此在较多的地方具有尝试性，体现在研究本身则实现了一定的创新。如果本研究能够为中国就业的产业结构的区域差异分析给出合理的见解，对后续研究有所启迪，研究本身也就达到了目的。总结起来，本书的创新之处有：

1. 研究涉及劳动经济学理论、产业经济学理论、区域经济学理论、计量经济学理论和经济增长理论，研究内容和研究方法具有交叉性和前瞻性，因此具有一定挑战性。采用结构突变模型描述我国就业的产业结构演进过程，对就业结构与产业结构之间的偏离程度与人均GDP的协整性和稳定趋势进行验证，综合分析系统内外各种因素对劳动力产业间转移的影响，探索就业的产业结构优化水平与经济增长之间的协整关系，为构建就业的产业结构优化的比例关系和提出相关政策启示搭建了理论基础。

2. 通过广泛的国内外文献梳理，吸取之前学者设计变量的合理成分，首次提出衡量就业的产业结构的区域差异的综合性指标——区域差异系数。传统的相对劳动生产率、产业结构偏离度和就业弹性指标需要对三次产业的区域差异分别进行分析，区域差异系数可以通过一个指标对区域差异进行总体差异比较。在此基础上，本书运用就业的产业结构的区域差异系数指标作为衡量区域就业结构水平的测度指标，为提出相关政策提供了分析依据。

3. 利用泰尔指数的分解，对我国就业的产业结构总体差异分解为东部、中部和西部三大区域之间的差异和三大区域内各省之间的差异，进一步从差异的区域构成和区域内差异的变化来揭示中国就业的产业结构区域差异的变化过程，以便于对区域差异的形成机理进行深入分析。

4. 对于就业的产业结构的区域差异问题采用新的研究视角和研究框架，将收敛性分析理论引入到就业的产业结构的区域差异研究中，吸取已有研究中设计变量的合理成分，通过中国东部、中部和西部各省份的截面和时间序列的纵面两个不同视角，结合我国就业的产业结构的省际面板数据进行了σ收敛和β收敛检验，界定就业的产业结构收敛性的内涵，特征和收敛类型，并且测度收敛速度，以分析我国就业结构面板数据的敛散性特征，进而识别和探察我国不同地区就业结构的收敛情况以及不同地区的结构性差异。

第三节　问题与研究展望

首先，中国的劳动就业问题不仅受宏观经济政策影响，还受到劳动者供给的微观决策行为的影响。在就业结构区域差异的形成过程中，行为者的观念以及由此而形成的主观抉择起着更为关键的作用。如果运用演进经济学研究经济政策中的各种行为主体的主观创造力和选择行为对经济政策的制定和后果的影响，可以更加充分考虑不同行为主体对就业问题、政策制度在理解上的不同。由于不确定性的存在，经济研究应具有容许行为人创造性、多样化行为的空间，本研究未来的方向将试图从劳动者个体和地域经验的进一步研究得到启示，来对政策进行修正。

其次，数量上的问题大多都与结构性因素有着诸多因果关系方面的联系，对于中国这样面临着大规模制度变迁问题的国家，将面临制度和技术的创新、结构的变革与转换的问题，需要制定复杂与质量型的经济政策。随着经济系统复杂性的增加、劳动分工的深化以及知识所具有的意会性与不可符号化的性质，就业结构的区域差异问题研究将需要不同学科理论之间互补性的增强。

第三，研究需要进一步引入更为先进的量化技术，例如合理利用半参数变系数动态面板数据模型和门限回归来讨论中国就业的产业结构的动态收敛变化情况；根据历史数据预测未来的就业的产业结构，比较不同地区的就业的产业结构的动态状况。

第四，宏观经济研究的数据往往来自于国家和地方的官方统计资料，但是目前的就业形式日趋复杂和社会分工越来越细，非正规就业模式也广泛存在于经济运行中，其劳动时间、收入报酬、工作环境、社会保障等方面都有别于传统的就业形式，由于没有条件建立稳定的劳动关系，这部分就业的统计在现代统计制度下有一定误差。因此，可能会导致相关产业或行业就业数据偏小，这使得相关研究的模型验证和趋势预测的准确性下降。

总之，就业的产业结构的区域差异研究不仅包括量的内涵，更强调了质的体现，尤其体现于区域就业和产业结构的发展和演进层面。由于中国在劳动力区域间转移方面没有现成权威的统计数据可用，也加深了这个问题的理论和实证难度。本书的研究中，在相关数据难以收集的情况下，克服困难，收集到了各个省区的就业统计数据，这对于分析区域划分下的中国就业的产业结构的研究提供了大量准确翔实的分析基础。但是由于研究的篇幅和能力有限，缺乏对中国就业的产业结构区域差异下的就业体系整体功能效应的度量和研究分析，这也是本研究未来努力的方向。同时，本书对于就业的产业结构及其区域差异的研究，在选择的研究深度和广度方面都还存在着不足和缺陷，比如在论述中对区域就业的产业结构合理性判断的分析尚未有突破性进展。此外限于篇幅以及缺少相应的统计数据，对中国区域就业的产业结构差异的研究没有从城乡差距的视角进一步展开研究，这都是研究的缺憾，有待于逐步充实，希望能得到同行专家的批评指正。

参考文献

［1］奥利弗·威廉姆森. 资本主义经济制度［M］. 北京：商务印书馆，2003：63.

［2］巴尔塔基. 面板数据计量经济分析（第4版）［M］. 北京：机械工业出版社，2010. 4：122-145.

［3］鲍德威·威迪逊. 公共部门经济学［M］. 邓力平译. 北京：中国人民大学出版社，1997：22.

［4］布坎南. 穆怀明译. 民主财政论——财政制度和个人选择［M］. 北京：商务印书馆，1993：22.

［5］曹沛霖. 政府与市场［M］. 杭州：浙江人民出版社，1998：54-60.

［6］曾湘泉. 劳动经济学［M］. 上海：复旦大学出版社，2010：182.

［7］陈平. 文明分岔、经济混沌和演进经济动力学［M］. 北京：北京大学出版社，2004：213-245.

［8］陈桢. 经济增长的就业效应研究：基于经济转型与结构调整视角下的分析［M］. 北京：经济管理出版社，2007（6）：61-67.

［9］戴维·N. 德容，舍唐·戴夫. 结构宏观计量经济学［M］. 上海：上海财经大学出版社，2010（1）：211.

［10］菲利普·阿吉翁，彼得·霍依特. 内生增长理论［M］. 陶然等译. 北京：北京大学出版社，2004：257.

［11］里德曼. 自由选择［M］. 胡骑等译. 北京：商务印书馆.

1982：89.

[12] 高培勇. 公共经济学 [M]. 北京：中国人民大学出版社，2001：54-78.

[13] 郭树清. 模式的变革与变革的模式 [M]. 上海：上海三联书店，1994：69.

[14] 国家统计局国民经济综合统计司. 新中国六十年统计资料汇编 [M]. 北京：中国统计出版社，2010.

[15] 胡鞍钢，邹平. 社会与发展——中国社会发展地区差距研究 [M]. 杭州：浙江人民出版社，2000.

[16] 克拉克. 经济进步的条件 [M]. 伦敦：麦克米兰出版公司，1957：22-24.

[17] 赖德胜. 中国就业 60 年：1949-2009 [M]. 北京：中国劳动社会保障出版社，2010：212-260.

[18] 黎贵才. 增长与就业的动态结构分析——经济学理论的检视、模型建构与中国经验 [M]. 北京：经济科学出版社，2011. 6：106-148.

[19] 刘怀德. 不确定经济学研究. 第 1 版 [M]. 上海：上海财经大学出版社，2001. 5：155.

[20] 刘树成. 中国地区经济发展研究 [M]. 北京：中国统计出版社，1994：67.

[21] 刘学军. 制度转轨中的发展战略与就业增长 [M]. 北京：知识产权出版社，2009. 1：20-47.

[22] 罗伯特 · J. 巴罗. 经济增长的决定因素：跨国经验分析 [M]. 北京：中国人民大学出版社，2004. 9：122.

[23] 罗伯特 · M. 索洛. 经济增长因素分析 [M]. 北京：商务

印书馆，2003. 3：258.

[24] M. P. 柯莱蒙兹，D. F. 韩瑞德，陆懋祖译. 预测经济时间序列 [M]. 北京：北京大学出版社，2008. 1：292.

[25] 马克思. 资本论（第二卷）[M]. 北京：人民出版社，1975：263.

[26] 缪勒. 杨春学等译 [M]. 公共选择理论. 北京：中国社会科学出版社，1999：87.

[27] 马胜杰. 夏杰长. 公共经济学 [M]. 北京：中国财政经济出版社，2003：98.

[28] 马薇. 协整理论及应用 [M]. 天津：南开大学出版社，2004. 2：74-135.

[29] 曼昆，经济学原理（下册）[M]. 北京：北京大学出版社，2001：33.

[30] 钱纳里，鲁宾逊，塞尔奎因. 工业化和经济增长的比较研究 [M]. 北京：三联书店，1995. 2：145.

[31] 钱纳里，塞尔昆. 发展的格局 1950-1970 [M]. 北京：中国财政经济出版社，1989. 4：126.

[32] 盛昭翰，蒋德鹏. 演进经济学 [M]. 北京：三联书店，2002. 1：31.

[33] 史尼斯. 索卡尔著. 数值分类学——数值分类的原理和应用 [M]. 刘铁桥译. 北京：科学出版社，1984：54.

[34] 田成诗. 中国就业的宏观经济决定机制研究 [M]. 北京：人民出版社，2010. 11：165-190.

[35] 田明. 中国就业的产业结构转变与城市化 [M]. 北京：科学出版社，2008. 3：122-139.

[36] 田中景. 日本经济：过去、现在、未来 [M]，北京：中国

经济出版社，2004：125.

[37] 汪斌. 东亚工业化浪潮中的产业结构研究 [M]. 杭州：杭州大学出版社，1997：20-25.

[38] 王少平. 宏观计量的若干前沿理论与应用 [M]. 天津：南开大学出版社，2003：168-193.

[39] 威廉·配第. 政治算术 [M]. 北京：商务印书馆，1928：19-20.

[40] 西蒙·库兹涅茨. 各国的经济增长—总产值和生产结构 [M]. 北京：商务印书馆，1985：329-334.

[41] 薛敬孝等. 当代日本产业结构研究 [M]. 天津：天津人民出版社，2002：43.

[42] 亚当·斯密. 国民财富的性质和原因的研究 [M]. 北京：商务印书馆. 1988：75.

[43] 杨先明. 劳动力市场运行研究 [M]. 北京：商务印书馆，1999：269-280.

[44] 杨小凯. 经济学原理 [M]. 北京：中国社会科学出版社，1998：48-67.

[45] 杨艳琳. 中国经济发展中的就业问题 [M]. 济南：山东人民出版社，2010：87.

[46] 叶阿忠. 非参数计量经济学 [M]. 天津：南开大学出版社，2003. 7：15-19.

[47] 袁伦渠. 劳动经济学（第 2 版）[M]. 大连：东北财经大学出版社，2007. 9：154.

[48] 张孝德. 模式经济学新探 [M]. 北京：经济管理出版社，2002：34.

[49] 张晓峒. Eviews使用指南与案例 [M]. 北京：机械工业出版社，2007：240，294.

[50] 赵伟，藤田昌久，郑小平. 空间经济学：理论与实证新进展 [M]. 杭州：浙江大学出版社，2009.

[51] 周振华. 现代经济增长中的结构效应 [M]. 上海：上海人民出版社，1995：51-89.

[52] 郝尔穆特·鲁克波尔，马库斯·克莱茨希. 应用时间序列计量经济学 [M]. 北京：机械工业出版社，2008. 12：225.

[53] 曾湘泉. "双转型"背景下的就业能力提升战略研究（中国就业战略报告 2008-2010）[M]. 北京：中国人民大学出版社，2010：45.

[54] 边文霞. 就业的产业结构内涵、理论与趋势分析——以北京市为例 [J]. 北京工商大学学报（社会科学版），2009（5）：120-125.

[55] 边文霞. 中国就业规模与就业的产业结构问题实证研究 [J]. 宁夏大学学报（人文社会科学版），2009（5）：119-127.

[56] 蔡昉，都阳. 中国区域经济增长的收敛与趋异——对西部开发战略的启示 [J]. 经济研究，2000（10）30-37.

[57] 蔡昉，王德文，都阳. 劳动力市场扭曲对区域差距的影响 [J]. 中国社会科学，2001（2）：4-15.

[58] 蔡昉，王德文，张华初. 扩大内需的投资要更加重视就业导向 [J]. 中国经贸导刊，2009（10）：6-7.

[59] 蔡昉，王美艳，曲玥. 中国工业重新配置与劳动力流动趋势 [J]. 中国工业经济，2009（8）：5-16.

[60] 蔡昉. 劳动力市场新特点和展望 [J]. 中国发展观察. 2010

(11)：22-25.

[61] 蔡翼飞，张车伟. 地区差距的新视角：人口与产业分布不匹配研究 [J]. 中国工业经济，2012 (5)：31-43.

[62] 曾先峰，李国平. 我国各地区的农业生产率与收敛_1980_2005 [J]. 数量经济技术经济研究，2008. (5)：81-92.

[63] 陈立泰，张祖妞. 服务业集聚与区域经济差距：基于劳动生产率视角 [J]. 科研管理，2011 (12).

[64] 陈晓玲，李国平. 地区经济收敛实证研究方法评述 [J]. 数量经济技术经济研究，2007 (8)：151-160.

[65] 陈桢. 产业结构与就业的产业结构关系失衡的实证分析 [J]. 国民经济管理，2007 (10)：32-37.

[66] 段敏敏，董炳南，丁建勋. 产业结构变动方向、产业结构变动速度对就业的显著性分析 [J]. 经济研究导刊，2009 (7)：16-17.

[67] 范剑勇. 产业集聚与地区间劳动生产率差异 [J]. 经济研究，2006 (11).

[68] 奉莹. 中国就业结构演变及就业的产业结构发展趋势研究 [D]. 西南财经大学博士论文. 2009：56-58

[69] 高帆，石磊. 中国各省份劳动生产率增长的收敛性：1978-2006 年 [J]. 管理世界，2009 (1).

[70] 高毅蓉，崔沪. 就业结构研究：从均衡范式到演化范式 [J]. 现代商贸工业，2008 (13)：25-28.

[71] 高毅蓉，林玳玳，林原. 我国再就业影响因素和就业结构区域差异的实证分析 [J]. 生产力研究，2012 (3)：33-37.

[72] 高毅蓉，袁伦渠. 我国三次产业劳动生产率的地区差异及

收敛性分析：1985～2010 年［J］. 经济问题探索，2014（6）：12-18.

［73］郭克莎. 总量问题还是结构问题——产业结构偏差对我国经济增长的制约及调整思路［J］. 经济研究，1999（7）5-23.

［74］郭克莎. 工业化与城市化关系的经济学分析［J］. 中国社会科学，2002（2）：7-16.

［75］黄洪琳. 中国就业的产业结构与产业结构的偏差及原因探讨［J］. 人口与经济. 2008（4）：12-15.

［76］黄日强，邓志军. 战后英国职业技术教育发展滞缓原因探析［J］. 河北科技师范学院学报（社会科学版），2006（2）：34-37.

［77］季丹. 关于营造中国产业集群的一些思考［J］. 产业经济研究，2003（4）：38-44.

［78］江小涓，李辉. 服务业与中国经济—相关性和加快增长的潜力［J］. 经济研究，2004（1）：4-15.

［79］李金华. 中国产业结构的演变轨迹、σ-收敛性与空间集聚格局［J］. 财贸研究，2006（2）：7-16.

［80］李菁. 我国制造业区域产业结构的收敛性研究［D］. 吉林大学博士论文，2010：13-34.

［81］李文星，袁志刚. 中国就业的产业结构失衡：现状、原因与调整政策［J］. 当代财经，2010（3）：10-17.

［82］林玳玳. 产业结构与就业的产业结构的变化［J］. 上海劳动，1996（6）：21-22.

［83］林玳玳. 社会主义就业理论的突破［J］. 经济研究参考，1997，4（10）：34-35.

［84］林毅夫，董先安，殷韦. 技术选择、技术扩散与经济收敛［J］. 财经问题研究，2004（6）：3-10.

[85] 林仲豪. 我国区域经济差异收敛弱化原因分析——基于要素极化式聚集的视角 [J]. 山东社会科学，2008 (8)：92-98.

[86] 刘建党. 中国劳动生产率与就业的产业结构变化关系的实证分析 [J]. 经济研究导刊. 2008 (14)：13-15.

[87] 刘军丽. 我国三大产业就业结构与就业弹性的实证分析 [J]. 统计与决策，2009 (5)：92-94.

[88] 刘强. 中国经济增长的收敛性分析 [J]. 经济研究，2001 (6)：70-77.

[89] 刘树成，张晓晶. 中国经济持续高增长的特点和地区间经济差异的缩小 [J]. 经济研究，2007 (10)：17-31.

[90] 刘伟，李绍荣. 产业结构和经济增长 [J]. 中国工业经济，2002 (5)：14-21.

[91] 刘文，田利珍. 三大经济区域的产业结构就业的产业结构比较研究 [J]. 社会科学论坛. 2009 (10)：49-57.

[92] 刘夏明，魏英琪，李国平. 收敛还是发散？——中国区域经济发展争论的文献综述 [J]. 经济研究，2004 (7)：70-81.

[93] 刘仙梅. 产业结构与就业结构关系研究综述 [J]. 经济论坛，2010 (4)：23.

[94] 吕政，郭克莎，张其仔. 论我国传统工业化道路的经验与教训. 中国工业经济，2003 (1)：48-55

[95] 马莉. 结构突变在时间序列分析中的应用——基于我国GDP的实证研究 [J]. 常州工学院学报. 2010 (2)：45-48.

[96] 毛锐. 二战后英国国有化运动评述 [J]. 探索与争鸣，2007 (3)：6-8.

[97] 莫荣. 中国就业55年的改革和发展 [J]. 中国劳动，2004

(11)：55-76.

［98］蒲艳萍. 转型期的产业结构变动与中国就业效应［J］. 统计与决策，2008（7）：113-115.

［99］伞锋. 日本终身雇佣制的文化与发展趋势［J］. 现代日本经济，1995（4）：33-38.

［100］沈惠娟. 结构突变理论在中国就业的产业结构分析中的应用［J］. 统计与信息论坛，2010（3）：96-101.

［101］沈坤荣，马俊. 中国经济增长的"俱乐部收敛"特征及其成因研究［J］. 经济研究，2002（1）：33-41.

［102］孙洋. 产业发展战略与空间收敛：长三角、珠三角和环渤海区域增长的比较研究［J］. 南开经济研究，2009（1）：46-59.

［103］万继勋. 建国以来劳动制度和就业的产业结构的演变［J］. 瞭望，1986（37）：18.

［104］王爱文，莫荣. 中国就业结构问题研究［J］. 管理世界，1995（4）：196-205.

［105］王亮. 经济增长收敛假说的存在性检验与形成机制研究［D］. 吉林大学博士论文，2010（6）：6-13.

［106］王庆丰. 我国产业结构与就业结构协调发展研究述评［J］. 华东经济管理，2010（10）：146-149.

［107］王庆丰. 中国就业的产业结构收敛问题研究［J］. 河南科学，2011（1）：108-111.

［108］王庆丰. 中国就业的产业结构滞后问题研究［J］. 华东经济管理，2009（9）：36-39.

［109］王晓君，刘爱芝. 山东省产业结构与就业结构协调发展研究［J］. 山东社会科学，2006（8）：129-133.

[110] 王志刚. 质疑中国经济增长的条件收敛性 [J]. 管理世界，2004 (3)：25-40.

[111] 魏后凯. 中国制造业与X非效率探讨 [J]. 产业经济研究，2003 (4)：1-6.

[112] 伍海亮. 我国产业结构与就业的产业结构非均衡发展的分析 [D]. 首都师范大学博士论文，2009：67-74.

[113] 夏杰长. 我国劳动就业的产业结构与产业结构的偏差 [J]. 中国工业经济，2000 (1)：36-40.

[114] 夏晴，郑吉昌，姜红. 论服务业发展与分工的演进 [J] 中国软科学，2004 (10)：149-153.

[115] 谢正磊，林振山，管卫华，吴永生. 全面建设小康社会下我国劳动力转移机制的动力学分析 [J]. 经济问题探索，2005 (3)：4-7.

[116] 徐鹏程，李冀，严汉平. 中国区域经济增长收敛问题研究现状与展望：一个文献综述 [J]. 福建论坛（人文社会科学版），2010 (12)：13-16.

[117] 许正松，万青. 相对劳动力成本对产业梯度转移的影响研究——基于劳动生产率的区域差异视角 [J]. 经济经纬，2011 (5)：22-27.

[118] 杨河清. 论日本就业状态的变化及其影响因素 [J]. 人口与经济. 2001 (6)：61-66.

[119] 杨河清. 日本战后经济与就业借鉴 [J]. 经济与管理研究. 1999 (6)：25-28.

[120] 姚先国，曾国华. 劳动力成本对地区劳动生产率的影响研究 [J]. 浙江大学学报（人文社会科学版），2012，(5).

[121] 姚裕群. 论我国的就业问题与扩大就业的战略对策 [J]. 广东社会科学，2008 (2)：5-10.

[122] 姚裕群. 西方国家的就业问题 [J]. 经济与管理研究，1996 (2)：62-64.

[123] 余为政. 基于面板数据的计量经济模型构造及其应用 [D]. 湖南大学博士论文，2006：18-23.

[124] 喻桂华，张春煌. 中国的产业结构与就业问题 [J]. 当代经济科学，2004 (5)：9-13.

[125] 张车伟，蔡昉. 就业弹性的变化趋势研究 [J]. 中国工业经济，2002 (5)：22-30.

[126] 张车伟. 当前劳动力市场的结构性矛盾及其经济学分析 [J]. 经济学动态，2008 (3)：49-54.

[127] 张海峰，姚先国，张俊森. 教育质量对地区劳动生产率的影响 [J]. 经济研究，2010，(7).

[128] 张建升. 物流业发展的地区差异及其收敛性分析 [J]. 兰州商学院学报，2011 (4)：18.

[129] 张建武，李永杰. 产业结构与就业的产业结构互动关系及政策含义 [J]. 广东经济管理学院学报，2005 (1)：12-18.

[130] 张亮. 受约束结构突变模型与面板单位根检验 [D]. 天津大学博士论文，2007 (6)：55-58.

[131] 张祥晶. 中国在业人口区域分布研究 [D]. 浙江大学博士论文. 2010：35-38.

[132] 张晓进. 协整变结构问题研究 [D]. 华中科技大学博士论文，2006：19-27.

[133] 张昕，李廉水. 我国城市间制造业劳动生产率差异的解释

[J]. 中国软科学，2006，(9).

[134] 赵杨，刘延平. 我国产业结构与就业的产业结构的关联性分析 [J]. 经济学动态，2010. (12)：80-83.

[135] 周兵，徐爱东. 产业结构与就业的产业结构之间的构建机制——基于中国产业结构与就业的产业结构之间关系的实证 [J]. 软科学，2008 (7)：84-87.

[136] 周亚虹，朱保华，刘俐含. 中国经济收敛速度的估计 [J]. 经济研究，2009 (6)：40-49.

[137] 朱慧明，余为政. 基于面板单位根检验的失业率结构突变研究 [J]. 财经理论与实践，2006 (9)：118-121.

[138] Hsiao Cheng. Analysis of Panel Date [M]. Cambridge University Press，2003.

[139] Abramovitz M. Catching Up，Forging Ahead and Falling Behind [J]. The Journal of Econmic History，1986，46(2)：385 -406.

[140] Aleksandra Rougut and Tomasz Tokarski. Regional diversity of employment structure and outflows from unemployment to employment in Poland [J]. International Journal of Manpowers，2002，23 (1)：62-76.

[141] Anthony B. Atkinson，John Micklewright. Unemployment compensation and labor market transitions：a critical review [J]. Journal of Economic Literature，1991，29 (4)：1679-1727.

[142] Bairam E. I.，McRae S. D. Testing the Convergence Hypothesis：a New Approach [J]. Economic Letters，1999 (64)：351-355.

[143] Barro R. J. Sala-i-Martin X. Convergence across states and regions. Brookings Papers on Economic Activity，1991：107-182.

[144] Barro, R. J. Economic growth in a cross section of countries [J]. Quarterly Journal of Economics, 1999(5): 407-443.

[145] Barro, Xavier Sala -I-Martin. Convergence [J]. Journal of Political Economy, 1992(100): 223-251.

[146] Bernard, Andrew B. and Charles I. Jones. Comparing Apples to Oranges: Productivity Convergence and Measurement across Industries and Countries [J]. American Economic Review, 1996, 86 (5): 1216-1238.

[147] Bruce D. Meyer. Unemployment insurance and unemployment spoils [J]. Econometrica, 1990, 58 (4): 757-782.

[148] Chow G. C. Test of Equality between Sets of Coefficients in Two Linear Regressions [J], Economitrica, 1960(28): 591-605.

[149] Cook Steven. Further Results on the Detection of Changes in Persistence in Linear Time Series [J]. Applied Economics Letters, 2007, 14 (2): 145-150.

[150] Dan O'Donoghue, Ivan Townshend. Diversification, Specialization, Convergence and Divergence of Sectoral Employment Structures in the British Urban System, 1991-2001 [J]. Regional Studies, 2005, 39 (5) .

[151] David Card, Phillip B. Levine. Extended benefits and duration of UI spells: Evidence from New Jersey Extended Benefit Program [J]. Journal of Public Economics, 2000, 78 (1-2): 107-138.

[152] Durlauf, S. N. Controversy on the convergence and divergence of growth rates [J]. The Economic Journal, 1996, 106 (7): 1016-1018.

[153] Eicher, Stephen Turnovsky. Convergence in a two-sector nonscale growth model [J]. Journal of Economic growth, 1999 (11): 413-428.

[154] Galor. Convergence Inferences from theoretical models [J]. The Economic Journal, 1996, 106 (7): 1056-1069.

[155] Garonna. Inter-sectoral labor reallocations and unemployment in Italy [J]. Labor Economics, 2000, 7 (6): 711-728.

[156] Giovanni Caggiano, Leone Leonida. International Output Convergence: Evidence from an AutoCorrelation Function Approach [J]. Journal of Applied Econometrics, 2009(10): 97-108.

[157] Hajime Seya, Morito Tsutsumi, Yoshiki Yamagata. Income convergence in Japan: A Bayesian spatial Durbin model approach [J]. Economic Modelling, 2012, 29 (1): 60-71.

[158] Hobijn B., Franses P. H. Asymptotically perfect and relative convergence of productivity [J]. Journal of Applied Econometrics, 2000, 15 (1): 59-81.

[159] Islam N. What Have We Learnt from the Convergence Debate [J]. Journal of Economic Surveys, 2003(17): 309-362.

[160] Islam N. Small Sample Performance of Dynamic Panel Data Estimators in Estimating the Growth-Convergence Equation: A Monte Carlo Study [J]. Advances in Econometrics, 2000 (15): 317-339.

[161] Janne Vesalainen, Jukka Vuori. Labour market interventions as predictors of re-employment, job seeking activity and psychological distress among the unemployed [J]. Journal of Occupational & Organizational Psy-

chology，1999，72（12）：523-538.

［162］Jesus Crespo Cuaresma，Miroslava Havettová，Martin Lábaj . Income convergence prospects in Europe：Assessing the role of human capital dynamics［J］. Economic Systems，2013，37（4）：493-507

［163］Jaehwa Lee. Trade，FDI，and productivity convergence：A dynamic panel data approach in 25 countries［J］. Japan and the World Economy，2009，21（3）：226-238

［164］Kristiaan Kerstens，Shunsuke Managi. Total factor productivity growth and convergence in the petroleum industry：Empirical analysis testing for convexity［J］. International Journal of Production Economics，2012，139（1）：196-206.

［165］Kenneth Carling，Bertil Holmlund，AltirI Vejsiu. Do benefit cuts boost job findings Swedish evidence from the 1990s［J］. Economic Journal，2001，111（474）：766-790.

［166］Lawrence F. Katz，Bruce D. Meyer. The impact of the potential duration of unemployment benefits on the duration of unemployment［J］. Journal of Public Economics，1990，41（1）：45-72.

［167］Luisa Martí，Rosa Puertas，J. Ismael Fernández. Industrial productivity and convergence in Chinese regions：The effects of entering the world trade organisation［J］. Journal of Asian Economics，2011，22（2）：128-141.

［168］Lea E. Waters，Kathleen A. Moore. Predicting self-esteem during unemployment：the effect of gender，financial deprivation，alternate roles，and social support［J］. Journal of Employment

Counseling, 2002, 39 (12): 171-190.

[169] Leonida L., Montolio D. On the Determinants of Convergence and Divergence Processes in Spain [J]. Investigaciones Economicas, 2004 (28): 123-140.

[170] Li Qing and Papell David. Convergence of international output: Time series evidence for 16 OECD countries [J]. International Review of economics and Finance, 1999(8): 267-280.

[171] Mariusz Próchniak, Bartosz Witkowski. Time stability of the beta convergence among EU countries: Bayesian model averaging perspective [J]. Economic Modelling, 2013, 30 (1): 322-333.

[172] M. Simona Andreano, Lucio Laureti, Paolo Postiglione. Economic growth in MENA countries: Is there convergence of per-capitaGDPs [J]. Journal of Policy Modeling, 2013, 35 (4): 669-683.

[173] Monika Bartkowska, Aleksandra Riedl. Regional convergence clubs in Europe: Identification and conditioning factors [J]. Economic Modelling, 2012, 29(1): 22-31.

[174] Michele Campolieti, Deborah Gefang, Gary Koop. A new look at variation in employment growth in Canada: The role ofindustry, provincial, national and external factors [J]. Journal of Economic Dynamics and Control, 2014, 41 (4): 257-275.

[175] Michaell Funke, Holger Strulik. Growth and convergence in a two-region model of Unified Germany [J]. CESifo working paper, 1999 (206).

[176] Michelacci, C. and P. Zaffaroni. (Fractional) beta con-

vergence ［J］. Journal of Monetary Economics，2000（45）：129-153.

［177］Miles Corak. Measuring the duration of unemployment spells［J］. The Canadian Journal of Economics，1996，29（1）：43-49.

［178］Mora T. Evidencing European regional convergence clubs with optimal grouping criteria［J］. Applied Economics Letters，2005，12（15）：937-940.

［179］Mora，T. Factors conditioning the formation of European regional convergence clubs［J］. Annals of Regional Science，2008，42（4）：911-927.

［180］Nicholas M. Kiefer. Evidence on the role of education in labor turnover［J］. Journal of human resources，1985，20（3）：445-432.

［181］Ortigueira S. and Santos. On the speed of convergence in endogenous growth models［J］. American Economic Reviews，87，1997：383-399.

［182］Paul-Antoine Chevalier，Rémy Lecat，Nicholas Oulton. Convergence of firm-level productivity，globalisation and information technology：Evidence from France［J］. Economics Letters，2012，116（2）：244-246.

［183］Perron P. Further evidence on breaking trend function in macroeconomic variables［J］. Journal of Econometrics. 1997，80（3）：355-385.

［184］Persson J. Convergence across the Swedish counties,

1911-1993 [J]. European Economic Review，1997 (41)：1835-52.

[185] Pesaran，M. H.，Y. Shin and R. J. Smith，Bounds Testing Approaches to the Analysis of Long-Run Relationship [J]. Journal of Applied Econometrics，2001 (16)：289-326.

[186] Philip K. Robins，Robert G. Spiegelman. Reemployment bonuses in the unemployment insurance system：Evidence from three field experiments [J]. Reference and Research Book News，2002，17 (2)：64-86.

[187] Phillips P. C. and P. Perron. Testing for a unit root in time series regression [J]. Biometrika，1988 (75)：335-346.

[188] Phillips P. C.，Sul D. Transition modeling and econometric convergence tests [J].Econometrica,2007,75(6):1771-1855.

[189] Pittau M. G. and Zelli R. Empirical. Evidence of Income Dynamics across EU Regions [J]. Journal of Applied Econometrics，2006 (21)：605-628.

[190] Politis D. N.，Romano J. P. and M. Wolf. Inference for Autocorrelations in the Possible Presence of a Unit Root [J]. Journal of Time Series Analysis，2004 (25)：251-263.

[191] Pritchett，Lant. Divergence：Big Time [J]. Journal of Economic Perspectives)，1997，11 (3)：3-17.

[192] Quah D. T. Twin Peaks：growth and convergence in models of distribution dynamics [J]. Economic Journal，1996：161-173.

[193] Quah D. T. Galton's fallacy and tests of the convergence hypothesis [J]. Scandinavian Journal of Economics，1993 (95)：

427-443.

[194] Raftery A. E. Approximate Bayes factors and accounting-from model uncertainty in generalised linear models [J]. Biometrika, 1996 (83): 251-266.

[195] Raiser Martin. Subsidising Inequality: Economic Reforms, Fiscal Transfers and Convergence across Chinese Provinces [J]. The Journal of Developments Studies, 1998, 24 (3): 1-26.

[196] Ronald G. Ehrenberg, Ronald L Oaxaca. Unemployment insurance, duration of unemployment and subsequent wage gain [J]. The American Economic Review, 1976, 66 (5): 754-766.

[197] S. Yao, Z. Zhang and L. Hanmer. Growing Inequality and Poverty in China [J]. China Economic Review, 2004, 15 (2): 145.

[198] Saadet Kasman, A. Kasman and E. Turgutlu. Nominal and Real Convergence between the CEE Countries and the EU: A Fractional Cointegration Analysis [J]. Applied Economics, 2005 (37): 2487-2500.

[199] Sala-i-Marin, X., The classical approach to convergence analysis [J]. The Economic Journal, 1996 (106): 1019—1036.

[200] Sala-I-Martin X., Doppelhofer G. and Miller R. Determinants of long-run growth: A Bayesian averaging of classical estimates (BACE) approach [J]. American Economic Review, 2004(94): 813-835.

[201] Samarjit Das, Gouranga Sinha, Tushar K. Mitra. Regional convergence of growth, inequality and poverty in India—An empirical study [J]. Economic Modelling, 2010, 27 (5): 1054-1060.

[202] Solow, R. M. A Contribution to the Theory of Economic

Growth [J]. Quarterly Journal of Economics, 1956 (70): 65-94.

[203] Syrquin. M. and H. B. Chenery. Three Decades of Industrialization [J]. The world bank economic reviews, 1989 (3): 201—222.

[204] Surender Kumar, Shunsuke Managi. Productivity and convergence in India: A state-level analysis [J]. Journal of Asian Economics, 2012, 23 (5): 548-559.

[205] Temple J., Terrasi M. Convergence and Divergence across Italian Regions [J]. The Annals of Regional Science, 1999 (33): 491-510.

[206] Tsionas, E. G. Regional Growth and Convergence: Evidence from the United States [J]. Regional Studies, 2000 (34): 231-238.

[207] Uwe Blien, Katja Wolf. Regional development of employment in eastern Germany: an analysis with an econometric analogue to shift-share techniques [J]. Papers in Regional Science, 2002, 81 (3): 391-414.

[208] Wolff E. Capital Formation and Productivity Convergence over the Long Term [J]. American Economic Review, 1991: 565-579.

[209] Yasuhiro Nakamoto. Convergence speed and preference externalities in a one-sector model with elastic labor supply [J]. Economics Letters, 2009, 105 (1): 86-89.

附　录

附录 A　中国就业的产业结构变迁相关数据

1. 三次产业的就业比重　　单位：%

年份	第一产业	第二产业	第三产业	年份	第一产业	第二产业	第三产业
1952 年	83.54	7.39	9.07	1967 年	81.67	8.64	9.70
1953 年	83.07	8.03	8.90	1968 年	81.66	8.59	9.74
1954 年	83.14	8.62	8.24	1969 年	81.62	9.12	9.26
1955 年	83.27	8.57	8.16	1970 年	80.77	10.22	9.01
1956 年	80.56	10.72	8.71	1971 年	79.72	11.20	9.08
1957 年	81.23	9.01	9.76	1972 年	78.88	11.93	9.19
1958 年	58.23	26.60	15.17	1973 年	78.73	12.26	9.01
1959 年	62.17	20.64	17.19	1974 年	78.19	12.61	9.20
1960 年	65.75	15.89	18.36	1975 年	77.17	13.50	9.33
1961 年	77.17	11.16	11.67	1976 年	75.82	14.45	9.73
1962 年	82.12	7.95	9.94	1977 年	74.51	14.81	10.68
1963 年	82.46	7.65	9.89	1978 年	70.53	17.30	12.18
1964 年	82.21	7.87	9.92	1979 年	69.80	17.58	12.62
1965 年	81.60	8.40	10.00	1980 年	68.75	18.19	13.06
1966 年	81.52	8.72	9.76	1981 年	68.10	18.30	13.60

续表

年份	第一产业	第二产业	第三产业	年份	第一产业	第二产业	第三产业
1982年	68.13	18.43	13.45	1997年	49.90	23.70	26.40
1983年	67.08	18.69	14.23	1998年	49.80	23.50	26.70
1984年	64.05	19.90	16.06	1999年	50.10	23.00	26.90
1985年	62.42	20.82	16.76	2000年	50.00	22.50	27.50
1986年	60.95	21.87	17.18	2001年	50.00	22.30	27.70
1987年	59.99	22.22	17.80	2002年	50.00	21.40	28.60
1988年	59.35	22.37	18.28	2003年	49.10	21.60	29.30
1989年	60.05	21.64	18.31	2004年	46.90	22.50	30.60
1990年	60.10	21.40	18.50	2005年	44.80	23.85	31.35
1991年	59.70	21.40	18.90	2006年	42.62	25.16	32.22
1992年	58.50	21.70	19.80	2007年	40.84	26.79	32.36
1993年	56.40	22.40	21.20	2008年	39.56	27.24	33.19
1994年	54.30	22.70	23.00	2009年	38.09	27.80	34.11
1995年	52.20	23.00	24.80	2010年	36.70	28.70	34.60
1996年	50.50	23.50	26.00				

数据来源：国家统计局．中国统计年鉴 2011［M］．北京：中国统计出版社，2011.

2. 三次产业的就业结构偏离度

年份	第一产业	第二产业	第三产业	年份	第一产业	第二产业	第三产业
1952年	0.33	−0.13	−0.19	1957年	0.41	−0.21	−0.20
1953年	0.37	−0.15	−0.21	1958年	0.24	−0.10	−0.13
1954年	0.37	−0.16	−0.21	1959年	0.35	−0.22	−0.13
1955年	0.37	−0.16	−0.21	1960年	0.42	−0.29	−0.14
1956年	0.37	−0.17	−0.20	1961年	0.41	−0.21	−0.20

续表

年份	第一产业	第二产业	第三产业	年份	第一产业	第二产业	第三产业
1962年	0.42	−0.23	−0.19	1987年	0.33	−0.21	−0.12
1963年	0.42	−0.25	−0.17	1988年	0.34	−0.21	−0.12
1964年	0.43	−0.27	−0.16	1989年	0.35	−0.21	−0.14
1965年	0.43	−0.27	−0.17	1990年	0.33	−0.20	−0.13
1966年	0.44	−0.29	−0.15	1991年	0.35	−0.20	−0.15
1967年	0.41	−0.25	−0.16	1992年	0.37	−0.22	−0.15
1968年	0.39	−0.22	−0.17	1993年	0.37	−0.24	−0.13
1969年	0.43	−0.26	−0.17	1994年	0.34	−0.24	−0.11
1970年	0.45	−0.30	−0.15	1995年	0.32	−0.24	−0.08
1971年	0.45	−0.31	−0.15	1996年	0.31	−0.24	−0.07
1972年	0.46	−0.31	−0.15	1997年	0.32	−0.24	−0.08
1973年	0.45	−0.31	−0.15	1998年	0.32	−0.23	−0.10
1974年	0.44	−0.30	−0.14	1999年	0.34	−0.23	−0.11
1975年	0.45	−0.32	−0.13	2000年	0.35	−0.23	−0.12
1976年	0.43	−0.31	−0.12	2001年	0.36	−0.23	−0.13
1977年	0.45	−0.32	−0.13	2002年	0.36	−0.23	−0.13
1978年	0.42	−0.31	−0.12	2003年	0.36	−0.24	−0.12
1979年	0.39	−0.30	−0.09	2004年	0.34	−0.24	−0.10
1980年	0.39	−0.30	−0.09	2005年	0.33	−0.24	−0.09
1981年	0.36	−0.28	−0.08	2006年	0.31	−0.24	−0.08
1982年	0.35	−0.26	−0.08	2007年	0.30	−0.21	−0.10
1983年	0.34	−0.26	−0.08	2008年	0.29	−0.20	−0.09
1984年	0.32	−0.23	−0.09	2009年	0.28	−0.18	−0.09
1985年	0.34	−0.22	−0.12	2010年	0.35	−0.26	−0.08
1986年	0.34	−0.22	−0.12				

数据来源：国家统计局．中国统计年鉴 2011［M］．北京：中国统计出版社，2011．

附录 B　中国分地区就业的产业结构相关数据

1. 分地区就业的产业结构总偏离度

地区	1985 年	1987 年	1988 年	1989 年	1990 年	1991 年	1992 年	1993 年	1994 年	1995 年	1996 年
北京市	0.73	0.68	0.66	0.71	0.65	0.59	0.62	0.59	0.60	0.56	0.50
天津市	0.70	0.67	0.66	0.69	0.59	0.57	0.57	0.59	0.63	0.62	0.60
河北省	0.29	0.35	0.40	0.39	0.37	0.44	0.47	0.51	0.42	0.38	0.39
辽宁省	0.51	0.43	0.41	0.42	0.41	0.43	0.45	0.47	0.41	0.39	0.37
上海市	0.85	0.86	0.89	0.96	0.87	0.83	0.86	0.84	0.83	0.82	0.77
江苏省	0.26	0.30	0.30	0.33	0.33	0.40	0.45	0.48	0.45	0.44	0.44
浙江省	0.29	0.33	0.34	0.34	0.35	0.40	0.45	0.48	0.46	0.46	0.47
福建省	0.33	0.35	0.35	0.38	0.47	0.44	0.44	0.40	0.36	0.35	0.36
山东省	0.24	0.27	0.29	0.32	0.36	0.37	0.39	0.44	0.45	0.43	0.42
广东省	0.33	0.34	0.31	0.30	0.33	0.35	0.39	0.44	0.43	0.40	0.44
海南省			0.51	0.34	0.48	0.50	0.72	0.65	0.49	0.49	0.48
山西省	0.43	0.49	0.49	0.45	0.42	0.50	0.49	0.51	0.48	0.45	0.45
内蒙古自治区	0.36	0.43	0.37	0.32	0.32	0.33	0.32	0.35	0.28	0.28	0.28
吉林省	0.25	0.26	0.30	0.37	0.22	0.28	0.33	0.38	0.22	0.22	0.19

续表

地区	1985 年	1987 年	1988 年	1989 年	1990 年	1991 年	1992 年	1993 年	1994 年	1995 年	1996 年
黑龙江省	0. 38	0. 38	0. 42	0. 41	0. 32	0. 39	0. 39	0. 44	0. 34	0. 34	0. 36
安徽省	0. 27	0. 29	0. 29	0. 32	0. 29	0. 38	0. 38	0. 35	0. 38	0. 33	0. 35
江西省	0. 24	0. 30	0. 33	0. 35	0. 34	0. 37	0. 35	0. 27	0. 25	0. 28	0. 30
河南省	0. 32	0. 33	0. 35	0. 37	0. 39	0. 42	0. 39	0. 39	0. 37	0. 35	0. 33
湖北省	0. 14	0. 15	0. 17	0. 18	0. 26	0. 32	0. 33	0. 36	0. 26	0. 26	0. 25
湖南省	0. 27	0. 30	0. 32	0. 33	0. 40	0. 41	0. 44	0. 39	0. 35	0. 33	0. 32
广西壮族自治区	0. 41	0. 35	0. 45	0. 47	0. 52	0. 53	0. 50	0. 48	0. 40	0. 40	0. 40
四川省	0. 33	0. 37	0. 37	0. 42	0. 40	0. 41	0. 43	0. 40	0. 36	0. 37	0. 38
贵州省	0. 26	0. 34	0. 32	0. 34	0. 38	0. 40	0. 43	0. 48	0. 37	0. 36	0. 38
云南省	0. 27	0. 39	0. 42	0. 43	0. 41	0. 51	0. 54	0. 53	0. 48	0. 46	0. 46
陕西省	0. 30	0. 32	0. 35	0. 36	0. 41	0. 41	0. 44	0. 44	0. 45	0. 43	0. 43
甘肃省	0. 31	0. 30	0. 37	0. 35	0. 42	0. 43	0. 46	0. 39	0. 38	0. 43	0. 30
青海省	0. 41	0. 40	0. 33	0. 33	0. 44	0. 44	0. 43	0. 46	0. 39	0. 45	0. 49
宁夏回族自治区	0. 39	0. 42	0. 42	0. 36	0. 44	0. 46	0. 47	0. 47	0. 44	0. 44	0. 44
新疆维吾尔自治区	0. 25	0. 29	0. 28	0. 04	0. 28	0. 39	0. 38	0. 37	0. 33	0. 36	0. 38

数据来源：根据国家统计局历年《中国统计年鉴》《新中国 60 年统计资料汇编》整理而得。

2. 分地区就业的产业结构总偏离度(续)

地区	1997 年	1998 年	1999 年	2000 年	2001 年	2002 年	2003 年	2004 年	2005 年	2007 年	2008 年	2009 年	2010 年
北京市	0.46	0.41	0.37	0.36	0.33	0.36	0.38	0.44	0.42	0.39	0.34	0.35	0.36
天津市	0.60	0.53	0.51	0.51	0.50	0.50	0.54	0.60	0.63	0.67	0.69	0.65	0.65
河北省	0.41	0.42	0.43	0.46	0.47	0.48	0.50	0.47	0.49	0.50	0.50	0.46	0.48
辽宁省	0.40	0.41	0.43	0.46	0.45	0.45	0.46	0.42	0.44	0.44	0.43	0.44	0.49
上海市	0.72	0.64	0.55	0.55	0.57	0.59	0.68	0.72	0.76	0.75	0.70	0.65	0.72
江苏省	0.45	0.47	0.49	0.51	0.51	0.51	0.50	0.47	0.51	0.54	0.55	0.55	0.54
浙江省	0.48	0.50	0.51	0.50	0.50	0.50	0.49	0.48	0.47	0.56	0.57	0.55	0.56
福建省	0.38	0.37	0.41	0.43	0.44	0.46	0.46	0.45	0.45	0.45	0.44	0.44	0.45
山东省	0.46	0.48	0.49	0.52	0.52	0.53	0.53	0.52	0.52	0.52	0.51	0.51	0.51
广东省	0.46	0.48	0.50	0.53	0.55	0.55	0.55	0.54	0.52	0.50	0.49	0.48	0.47
海南省	0.51	0.51	0.48	0.49	0.49	0.47	0.44	0.41	0.39	0.31	0.37	0.39	0.37
山西省	0.49	0.50	0.57	0.57	0.60	0.59	0.59	0.58	0.62	0.63	0.62	0.57	0.56
内蒙古自治区	0.29	0.32	0.35	0.37	0.38	0.43	0.43	0.44	0.48	0.53	0.54	0.55	0.55
吉林省	0.25	0.23	0.26	0.36	0.38	0.35	0.39	0.36	0.39	0.44	0.43	0.44	0.45
黑龙江省	0.38	0.46	0.50	0.53	0.51	0.51	0.53	0.51	0.51	0.49	0.48	0.47	0.46

续表

地区	1997年	1998年	1999年	2000年	2001年	2002年	2003年	2004年	2005年	2007年	2008年	2009年	2010年
安徽省	0.33	0.36	0.40	0.42	0.41	0.43	0.45	0.41	0.43	0.44	0.44	0.45	0.44
江西省	0.31	0.36	0.37	0.33	0.32	0.32	0.36	0.36	0.38	0.39	0.41	0.42	0.44
河南省	0.34	0.35	0.37	0.41	0.42	0.44	0.51	0.45	0.47	0.52	0.50	0.50	0.49
湖北省	0.25	0.26	0.35	0.37	0.39	0.40	0.38	0.34	0.36	0.37	0.32	0.34	0.38
湖南省	0.32	0.36	0.43	0.49	0.49	0.50	0.47	0.39	0.40	0.42	0.44	0.45	0.46
广西壮族自治区	0.39	0.40	0.43	0.41	0.46	0.48	0.45	0.37	0.36	0.40	0.40	0.44	0.46
四川省	0.38	0.41	0.44	0.44	0.45	0.44	0.41	0.37	0.38	0.38	0.41	0.43	0.44
贵州省	0.39	0.40	0.46	0.42	0.44	0.45	0.42	0.39	0.41	0.42	0.44	0.46	0.45
云南省	0.46	0.47	0.51	0.54	0.56	0.57	0.57	0.53	0.53	0.49	0.47	0.48	0.51
陕西省	0.46	0.46	0.50	0.51	0.54	0.53	0.54	0.52	0.53	0.54	0.54	0.55	0.54
甘肃省	0.34	0.36	0.41	0.47	0.44	0.47	0.47	0.47	0.48	0.49	0.47	0.47	0.46
青海省	0.51	0.52	0.52	0.52	0.52	0.51	0.53	0.50	0.51	0.50	0.52	0.51	0.50
宁夏回族自治区	0.48	0.49	0.51	0.52	0.53	0.54	0.55	0.53	0.53	0.52	0.55	0.51	0.51
新疆维吾尔自治区	0.35	0.38	0.43	0.39	0.43	0.45	0.35	0.35	0.37	0.39	0.42	0.39	0.35

后　记

本书是在我博士学位论文的基础上修改完成的，也是多年来对我国三次产业就业问题研究的一个阶段性成果。本书完成之时，首先要感谢林玳玳教授和袁伦渠教授的悉心指导，在我论文的写作过程中，从选题到文献收集，从框架设计到思路形成，从大纲敲定到初稿审阅，二位老师都花费了很多时间和精力，使论文不断完善和最终定稿，尤其在我攻读博士患病期间给予我莫大的支持鼓励和精神动力，使我得以完成学业。袁伦渠教授在劳动经济学研究领域深厚的学术造诣、谦和的人格魅力和高尚的师德风范始终是我学习的楷模；林玳玳教授宽广的学术视野、豁达的为人和卓越的才华让我深深敬佩！他们严谨的治学态度，高风亮节的做人品格，都是我人生的坐标和努力的方向。老师的恩情，远非一个谢字所能承载，我唯有诚信为人，踏实做事，刻苦钻研，勤做学问，才能不辜负老师的期望。

感谢欧国立教授和穆东教授在我博士学位论文开题提出了宝贵的建议，对于论文最终完稿提供关键性的帮助。感谢杨河清教授、田小宝教授、李文兴教授和石美遐教授，抽出宝贵的时间和精力对我的学位论文悉心阅读，在我论文答辩时为论文的改进与提高所提出的批评和建议，这些建设性的意见大多已体现在本书中。同时，还要感谢在我工作期间，毛荐其教授、张同全教授、李东升教授、崔沪教授及我的诸位同事们，他们在学术前沿领域不懈追求的精神和共同研讨过程中思想灵光的碰撞，使我在研究过程中遇到困难之时获得更多的力量和信心。

感谢我的同门师兄弟和同学们，特别是林原博士、田原博士、耿园博士、赵鹏飞博士和赵云博士等同学对我的研究工作给予了热情帮助，和他们在一起学习生活和共同做课题的时光，将是我永生珍视的回忆。

最后要感谢我的家人，他们无条件地支持和鼓励赋予了我勇气和信心，家庭幸福和美是使我能够心无旁骛做学问源源不断的动力。

在本书正式出版之际，还要特别感谢山东省社科规划项目基金（10CJCJ17）山东工商学院博士基金（BS201417）的资助，以及中国劳动社会保障出版社编辑的辛勤工作。

由于自身学术水平和研究手段的不足，本书难免有不足之处，一些观点也有无法充分展开、深入分析的遗憾。所幸本书所做的努力为将来相关领域的研究作了良好的铺垫，有较强的文献参考价值。“学海无涯苦作舟”，如果希冀将来有学术价值高并且具有实践意义的研究成果，还需要进一步钻研和锤炼。为此，笔者将继续关注当代产业结构调整过程中出现的劳动就业方面的新问题和新现象，继续更为深入、细致的研究。真诚希望阅读本书的各位读者批评指正，恳请同行的专家学者不吝赐教。

高毅蓉

2015年4月